声で想いを伝える

ポッドキャストマーケティング

岡田正宏〔著〕
株式会社こえラボ代表取締役

日本地域社会研究所

コミュニティ・ブックス

はじめに

人柄が伝わる声の魅力を、もっと活用してほしいと思った理由

インターネットの普及が進み、さらに２０２０年はリアルからオンラインへの移行が急速に進んでいます。時代が大きく変化して、さまざまな情報発信の手段が普及してきました。メディアには大きく分けて、動画・文章・写真・音声があります。それぞれのメディアには特徴があり、目的に応じて使い分けることが必要です。

その中でも音声メディアはまだまだ活用が進んでいないのが実情です。ですが、音声メディアには多くの魅力があると私は考えています。声を聴けば、その人の雰囲気や人柄まで伝わります。私自身が「ポッドキャスト」という音声のメディアを活用して、ビジネスが何倍にも拡大しています。ぜひ、もっと多くの人に活用していただき、ビジネスの拡大につなげていただ

きたいと思い、執筆することにいたしました。

第1章では、メディアを活用する目的であるビジネスについて考えるところから説明します。そのためには、消費者の購買決定のプロセスや収益を得るための知識が必要です。音声メディアを活用するためにも、まずはビジネスの基本からお伝えいたします。

第2章では、ビジネスにつなげるために、インターネットメディアの特徴を理解して、メディア戦略を考えます。動画・文章・写真・音声のそれぞれのメディアの特徴や、メリット・デメリットについて解説しています。

第3章では、まず、音声メディアの特徴と活用方法について深く掘り下げていきます。音声メディアはあまり活用されていませんが、他のメディアと違う特徴をもち、これからは非常に重要な役割を担っていくと考えています。そのうえで、音声メディアの魅力をポッドキャストというツールを通じて説明します。今まであまり語られることのなかったポッドキャストについての解説です。

第4章では、実際に音声で発信する上で必要となる基礎知識を説明します。配信の目的・配信する上でのキャラクター設定・配信の内容や構成など、番組制作にあたって、より具体的な内容をお伝えしています。

第5章では、発信している番組をより多くの人に聴いてもらうための取り組みを、ポッドキャストの特徴も踏まえながら説明します。そして、さらには拡散方法や拡散のコツもお伝えしています。

第6章では、配信者から寄せられる質問を元に、音声配信での課題解決策を説明します。すでに音声メディアで発信している人、その他のメディアで発信している人にも参考になるような解決策もご紹介しています。

第7章では、こえラボが配信サポートしている番組の一部を分類して、ご紹介しています。そして、本書の制作にご支援いただいた方がたの番組やお名前をご紹介しています。

インターネットメディアと音声メディアの特徴を理解することにより、まだ世間では利用者の少ない音声メディアを、どのように活用すれば、あなたのビジネスにとって効果的かを伝えられたらと思います。

本書を通じて、音声メディアの魅力をより深く知っていただき、音声メディアを活用してみようと思っていただければ幸いです。

情報発信はあらゆる業種で必須となってきています。知ってもらわなければ存在していないのと同じです。オンライン化が進む現在では、インターネット上に情報がなければビジネスが成り立たなくなってきています。ぜひ、あなたのビジネスに活用してください。

そして、本書では読者のために特典をご用意いたしました。

【特典1】本書解説動画

【特典2】60分コンサル1回無料（２０２１年6月まで）

詳しくは、こちらのURLもしくはQRコードからアクセスいただければお申し込みできます。

http://bit.ly/koe-book

本書を通じて、一人でも多くの人が音声メディアであるポッドキャストの魅力をさらに知り、ご自身のビジネスに活用いただけることを心より願っております。

それでは、音声メディアポッドキャストの魅力をお伝えしていきます。

目次

目次

第2章　なぜ、これから音声メディアなのか …… 51

目次

第1章 ビジネスの基本的な仕組み

あなたは、ビジネスをどのように捉えているでしょうか。

私は、ビジネスの本質は「**課題を解決する！**」ということに尽きるのではないかと考えています。コンサルタントはビジネス上の課題を解決する。カウンセラーは心の悩みを解決する。医者は健康の問題を解決する。歌手は感動を与えてくれる。それは感動したいという欲求に対しての課題を解決してくれるともいえます。そして消費者は、何らかの課題を解決していただく対価として、お金を払っているといえます。

では、あなたはどんな課題を解決できますか。

消費者の購買決定のプロセス

メディアからビジネスにつなげるといっても、どのようにつなげればよいのかイメージできない場合もあるでしょう。まずは、消費者がどのようなプロセスを経て購買までに至るのか、今までの歴史も踏まえてお伝えします。

マスメディアの時代の購買プロセス　AIDMA

テレビや雑誌、新聞など、マスメディアからの情報が主流だった時代は、消費者の購買プロセスはAIDMAで表せていました。

AIDMAとは、下記の5つのプロセスです。

1 情報を見て、商品を知る(Attention)
2 商品を知った消費者が興味・関心をもつ(Interest)
3 感情的に商品が欲しくなる(Desire)
4 商品やブランド名を記憶する(Memory)
5 行動・購買する(Action)

かつては、このような流れで購買行動をとるといわれていました。特徴としては、マスメディアで情報を得て興味をもち、商品が欲しくなるといったん記憶します。そのうえで、購買行動に移ります。つまり、この時代はその商品名やブランドを伝えて記憶してもらわなければ、なかなか消費するまでの行動につながらなかったのです。

インターネット時代の購買プロセス　AISAS

インターネットの時代になり、消費者が情報を受動的ではなく、能動的に探すようになりました。購買のプロセスがＡＩＳＡＳに変わってきました。

１情報を見て、商品・サービスを知る(Attention)
２商品やサービスを知った消費者が興味・関心をもつ(Interest)
３商品やサービスを検索する(Search)
４行動・購買する(Action)
５購買した後に共有する(Share)

商品を知って、興味関心をもつところまでは同じですが、検索して調べて、購入します。これは、検索技術が発展して、ＥＣサイトで直接購入できるようになったため、このような購買プロセスに変化しました。そして、さらには口コミ投稿やＳＮＳに情報を共有することで、承認欲求も満たしていきます。

ＳＮＳ時代の購買プロセス　ＣＲＥＥＰ

ところが、ＳＮＳの時代になってくるとＣＲＥＥＰへ移行していきます。

1 だらだらとスマホを触る (Chill out)
2 気になった情報が自分事になっていく (Relevance)
3 自分事化すると、さらに比較記事を読んで選択肢になる (Evoked Set)
4 実際に商品やサービスを利用する (Experience)
5 ＳＮＳでシェアする (Post)

最初のきっかけは、だらだらとスマホを触っているところ。ものすごいスピードで情報をスクロールする、その一瞬で判断し、気になる情報だけをピックアップしていきます。これまでは検索サイトや口コミサイトが中心となっていましたが、今は自分と同じような興味関心をもっているユーザーのＳＮＳを重視する傾向が強くなってきているのです。その理由としては、検索結果には広告が上位に表示され、口コミサイトもサイトにお金を払っている企業が上位に表示されることを感覚的に経験しているからだと思われます。そのため、ＳＮＳ上の似た感覚をもつユーザー個人の意見を重要視しているのです。

ポイントとしては、情報を自分事として捉えてもらえるかどうかです。自分事として捉えてもらえるような情報発信となるためには、ターゲットを明確にして、ワクワク感の中に自分でもできるかもと思ってもらうことが大切です。

購買行動の基本プロセス

このように、時代によって、細かい購買プロセスは変わっていきますが、本質は同じであると考えています。

1 認知
2 信頼構築
3 セールス
4 購買

メディアを活用することで、まず知ってもらうところから始め、信頼関係を構築して、セールスを行ないます。そこから購買してもらい、収益を得ます。つまり、認知・信頼構築・セールス・購買という流れを作る必要があります。そして、購買のプロセスには2段階用意しておくとよいでしょう。インターネットメディアから直接、高額商品が売れる場合もありますが、段階的にしておくほうがより信頼を得て購買行動につながりやすいです。

お試しに利用してもらうサービス・商品を「フロントエンド」といいます。

サービスや商品を使ってみなければ、その価値の本質も理解してもらいにくい場合もあります。そのため、フロントエンドのサービスは通常、気軽に試していただけるくらいの価格に設定します。

次に、お試しで利用していただいた後、収益を生むサービスのことを「バックエンド」といいます。このバックエンドこそがあなたのメインのビジネスとなります。ビジネスモデルを構築するうえで、まずはこのバックエンドをしっかりと整理して、確立しておく必要があります。

このサービス内容が大きく変わってしまうと、その前のフロントエンドも変わることになり、さらに、そこにつながるメディアで発信する内容も変わってきます。

つまり、ビジネス構築の順番は、次のようになります。

１バックエンドの構築
２フロントエンドの構築
３セールスメディアの構築

4　信頼構築メディアの構築
5　認知メディアの構築

この順番で構築のポイントを説明いたします。

収益を得るビジネスとは（バックエンド）

ビジネス構築する際に、最初に行なうのは収益を得るビジネスであるバックエンドの構築です。なぜなら、収益を得るバックエンドの内容がぐらついてしまうと、情報発信の内容や目的、ターゲットも大きく変わってしまい、ビジネスにつながる情報発信ができなくなるからです。その根幹となるあなたのビジネスがぐらつかないためにも、しっかり深掘りしておく必要があります。すでにビジネスが確立している人も、本当にめざす姿がそれでよいのか、確認するためにも、ぜひ、一緒にチェックしてみてください。もちろん、まだ迷いながらビジネスをしている人も、一緒に整理していきましょう。

本当にやりたいことを考える

まずは、あなたのビジネスについて深く掘り下げて考えましょう。そのために、あなたの好きなこと、10年後にもやっていたいことを書き出します。今の仕事でもかまいませんし、趣味でもかまいません。「本当はこんなことをやってみたかったんだった」と思うような夢のようなことでも大丈夫です。お金がないからとか、年をとりすぎているとか、知らず知らずのうちに制限をつくってしまいがちです。まずは、制限をつけることなく、とにかく10年後も続けていきたいと思えることを書き出してみます。

できるだけ多く、できれば１００個ぐらいは書き出してみましょう。

次に、やりたくないことを書き出してみましょう。今の仕事でも、やっていないことでもかまいません。「本当はこんなことをやりたくはないんだ」とか、ずっと避けていることとか、苦手なことなどを書き出してみましょう。大切なのは、やりたいか、やりたくないかです。得意・不得意とは違います。得意でもやりたくないことはあるかもしれません。自分の心に素直に向き合って書くといいですね。これからビジネスを行なうためには困難なことも多く訪れるでしょう。しかし、そこを乗り切るために大切なのが志です。やりたいと心の底から思っていれば、困難も乗り切ることができます。それを、儲かりそうだからとか、好きではないけど得意だからという理由で選んでしまうと、いざというときに力を発揮できません。困難を乗り切るためにも素直に書いてみることが大切です。

あなたの成し遂げたいこと、やりたいことは何ですか。

理想の顧客であるペルソナの設定

ペルソナという言葉を聞いたことがありますか?
あなたの理想の顧客像のことです。この人だったら、私のサービスはすごく有効に提供できる。こんな人の手助けをしてあげたい。そんな人物を思い描いてください。たとえば、あなたが解決できる悩みや課題をもっている人はどんな人でしょう。

解決できる人であっても、その人に解決策を提供したいと思えるかどうかも重要です。お金をたくさん払ってくれても横暴な態度をとられてもいいでしょうか。そんな人にでも、快くサービスを提供できるのか、やる気のある人だけにサービスを提供したいのか、価値をしっかり理解していただける人だけに提供したいのか、誠実な人だけに提供したいのでしょうか。こうしたことも踏まえて、自分の思いを素直に表現してみてください。ここにも偽りがあると、後で苦労することになります。

できれば、具体的な人物像がありありと浮かび上がるくらい、詳しく記載してください。年齢、職業、家族構成、住んでいる場所、趣味、好きなこと、嫌いなことなど。今までの理想のお客様がいれば、その人の特徴を書き出してもよいです。また、お客様の良いところを組み合わせて、理想の人物像を描いてもよいし、まったく架空の人物を描いてもよいです。名前をつけたり、イラストにしたりすることで、よりリアルな人物になるでしょう。

そして、このペルソナに最高のサービスを提供するために、どのように発信すれば効果的なのかを考え整理することが、インターネットメディアを活用する上で大切になってきます。今後、その人の生活スタイルに合わせたメディアを活用して、情報提供することになるからです。もしかしたら、後で変わるかもしれません。それでも大丈夫です。

現時点での思いを素直に書いてみてください。大切なのは、現時点でどのように感じているのかをしっかりと書き残しておきましょう。実は、この書き残すという作業が大切なのです。こうした基準をしておかないと、もし後で変化したときに、何がどのように変わったのかわからなくなってしまうからです。

また、実際にビジネスをしてみたときに、思い描いたことと違う場合もよくあります。そのときは、何が違ったのか比較することも可能です。そのことがわかるだけでもメリットになります。

今後、ビジネスが発展したり、状況が変わったりした場合にも、どのように変更すればよいか、道筋を立てやすくなります。

あなたは誰にサービスを提供したいですか。

提供できる価値、ベネフィットの整理

あなたはどのような悩みや課題を解決できるでしょうか。これが、あなたの提供できる価値であり、ベネフィットになります。価値には大きく分けて2種類あります。数値で表せる機能的価値と、感覚的な情緒的価値です。

機能的価値としては、大きさ・丈夫さ・正確さ・スピード・集客数・実践する技術など、測定しやすい価値があります。一方、情緒的価値としては、特別感・優越感・かっこよさ・優しさ・丁寧さ・親切さなど、感覚的に得られる価値を挙げることができます。

どちらも大切な要素です。これにサービスを提供する前と後で、どれくらい変化をもたらすことができるか、その変化の大きさが価値の大きさになり、サービスの価格にもつながるわけです。とても重要なポイントなので、できるだけ多く、できるだけわかりやすく表現してみましょう。まずは、あなたが想定している価値を書き出してみてください。機能的価値と情緒的

価値をそれぞれあげてみるとよいでしょう。そして、可能ならば今のお客様から、どんな理由で選んでもらえたのか、どんな理由で継続しているのか尋ねてみるのも一つの方法です。そうすれば、他人からの客観的なあなたの評価を得られます。もしかしたら、自分が想定していないことを価値として感じていただいているかもしれませんし、自分が価値だと思っていたことは、それほど重要視されていないかもしれません。しかも、お客様の声として、今までの実績が加われば、より信頼性も上がります。

サービスをご案内するときに大切なのが、ベネフィットを伝えることです。サービスを利用する人は、その機能が欲しいわけではありません。価値が欲しいのです。たとえば、スマートフォンを購入する場合、ＣＰＵがいくつで、メモリーがいくつ、画面の解像度がいくつ、という機能を求めているのではなく、サクサクと快適に動いて、きれいな画面で表示される、手にピッタリと収まる端末が欲しいのでしょう。お客様の求める価値を理解することにより、どのような表現で情報発信するとよいのかが、だんだんわかってきます。

あなたの提供するサービス・商品の価値は何ですか。

価格設定のポイント

あなたのサービスは、どれくらいの価値があるでしょうか。

サービスを提供するときの価格設定も悩むポイントだと思います。サービスの価格は、受け取る顧客が決めます。あなたが提供するサービスによって、何をどれくらい変化させることができますか。たとえば、体重が10キロ痩せることに、どれくらいの価値を感じていただけるでしょうか。美しく見てもらえるようになることは、どれくらいの価値になるでしょうか。心穏やかに毎日過ごせるようになることは、どれくらいの価値になるでしょうか。

売り上げがどれくらい上がるかという保証ができれば、金額換算することは簡単です。しかし、感動に対しての対価がいくらになるか、金額をつけるのは難しいですよね。でも、たとえばコンサートのチケットにお金を払うのはそういうことです。時間と交通費やチケット費用を費やしてでも行きたいと思ってもらうことができれば、コンサートにはそれだけの価値があるということです。

たとえば、ワークショップやセミナーで、これから一生、活用できるビジネスの基本や毎年何百万円も稼ぐことができる方法が学べるとすれば、そこにはそれだけの価値があるのです。今、払えるかどうかということもあるので、返金保証をつけたり、分割払いを可能にしたりするなど、ハードルを下げる手立てをすることで、購入いただける顧客が増える場合もあります。

ぜひ、あなたの提供するサービスの価値がわかるように、できるだけ具体的に、詳しくビフォア・アフターを表現してください。

あなたの価値は、価格にすると、どれくらいになりますか。

サービスの価値とは

しかし、なかなか自分が提供しているサービスの価格を上げることができないという人もいるでしょう。もしかして、お金に対して何か後ろめたい気持ちがあるのかもしれません。あなた自身の価値を、自分で認めきれていないのかもしれません。しっかりと言語化できていないだけかもしれません。提供できる価値と比較して、価格が安いと感じられたらそのサービスは売れるようになります。しっかりと価値を表現すること、価値と比較して十分安いと感じられる価格を設定すること。それによって、あなたのサービスは売れるようになります。

一般的に、物が売れないのは、価値が伝わっていないからです。サービスの性能だけ伝えても、その性能がどこにどうやって活用できるのか、理解されていない場合もあります。それはとてももったいないことです。あなたは提供するサービスの活用方法を十分説明して、実際に活用すると、どのような成果を得られるのか、わかりやすく説明しましょう。そして、成果を出してもらうまで責任をもってサポートすることも大切です。

そのためにも、しっかりとターゲットを絞り、ペルソナを明確にしてサービスを提供してみてください。もし、高い価格で販売できないというお悩みをおもちでしたら、このように考えてみてください。あなたが与えた価値を得られたお客様の人生は、この先、どれくらい素晴らしいものですか。そのお客様の人生の価値をお金に換算すると、どのくらいになりますか。数千円ですか。数十万円ですか。それとも、もっと価値がありますか。

おそらく、お客様の人生を大きく変えることができるサービスであれば、高い価値があるといえるのではないでしょうか。

価格に対して納得していなければ、売れません。

まずは、あなた自身が提供する価値について、納得して価格を決めてください。

あとは、その価格が、原価や労力（あなたが提供した時間）などを考慮して、提供し続けられる価格であれば、そのビジネスは成功します。

情報は価値になります。そのサービスを活用する方法を正確に知らなければ、価値を十分に発揮することは難しいです。そのための情報提供は必要です。

この、情報提供の方法としてもメディアは有効です。

お客様が感じる価値はどれくらいですか。

どれくらい利益を得たいか

あなたが得たい利益についても考えてみてください。このビジネスから得たい利益を考えることも大切です。必ずしも利益を多く出す必要はありません。あなたがどれくらい利益を得たいかを考えておくことが重要です。たとえば、この事業はボランティアでの活動として、利益を得なくてもよいとか、かかった経費くらいの売り上げであればよいなど、計画を立てておくことが必要なのです。そのために、まずは売り上げから考えてみましょう。

売り上げは客単価×客数で表せます。たとえば、1000円の客単価で1000人の顧客の場合は、100万円の売り上げとなります。一方、20万円の客単価で5人の顧客の場合でも100万円の売り上げとなります。毎月1000人の集客をするのか、5人の集客をするのかで、やり方は大きく変わってきます。ぜひ、どれくらいの客単価と客数で事業を運営するのか、考えてみてください。

次に、利益について考えてみましょう。利益は売り上げからコストを引いた金額になります。

利益を得るために、売り上げとコストを考えておく必要があります。たとえば、100万円の売り上げに対して、事務所の経費や人件費、材料費や交通費、そしてあなたの人件費も考慮に入れて利益を考えてみましょう。利益を意識することで、ビジネスがより具体的になり、ペルソナやベネフィットもより具体的に、より明確に、そしてより現実的に考えることが可能になります。

どれくらいの利益を得たいですか。

ここまで、利益を得る最終的なサービスであるバックエンドの説明をしてきましたが、情報発信する上でもビジネスの根源を作り上げることは大切です。ぜひ、ここまでの内容をしっかりと把握して、あなたのビジネスを多くの人のために役立ててください。

バックエンドが決まったら、次はバックエンドに導くためのフロントエンドの準備です。

最初に利用してもらうためのサービス（フロントエンド）

収益を得るためのバックエンドにつなげるために必要なのが、まずお試しで利用してもらうためのフロントエンドのサービスです。フロントエンドの考え方をご説明いたします。

フロントエンドの目的

フロントエンドの目的は、バックエンドにつなげることです。

そのために、しっかりとサービスの価値を理解してもらい、バックエンドにお申し込みいただくことです。安価なサービスだからといって、中途半端な対応では理解していただけません。あなたの人柄や、そのサービスにかける情熱もしっかり見られています。

あまり出し惜しみしないことも大切です。短い時間での説明で、実際にできるようになる人はほとんどいません。もしいたとすれば、その人は実際の顧客にはなりえないと考えてよいでしょう。誠意をもって、時間の限りしっかりと説明してください。そして、大切なのが、バックエンドサービスの説明です。「今回はこの時間でここまでしか説明できなかったけど、本格的に学ぶ場合は、こんなカリキュラムで実施します」と、バックエンドで提供するサービスの内容を詳しく説明しましょう。

そこで必要なのは、提供できる価値であるベネフィットをわかりやすく説明することです。特典としてどんなサービスを得られるのかも、しっかりと説明してください。そして、どんな人であれば成果を得やすいのかも伝えましょう。できるだけ条件をつけておいたほうが、あなたのためにもなります。成果が出そうにない人が利用しても、双方のためになりません。どんな人が対象であるかをきちんと伝えましょう。

今まで成果を出した利用者の声もとても大切です。あなたが今まで上げてきた実績も、しっかりと伝えましょう。

では、フロントエンドは具体的にどのようなサービスでしょうか。

たとえば、個別相談・セミナー・お茶会・講座など、直接やりとりしながら説明する場を設ける方法があります。オンラインでも直接お会いする場でも同じです。インターネットのメディアでは、どうしても一方的になりがちですが、やりとりできる場があれば、その人の悩みや困りごと、やってみたいことも対話を通じて確認できます。そこで、しっかりとサービス内容を説明することができ、その人に合ったご提案ができれば、価値を感じて最終サービスであるバックエンドをご提供することが可能になります。

フロントエンドからバックエンドの成約率

そして、成約率を意識しておくことも大切です。たとえば、毎月20人にセミナーを実施して、5人にバックエンドを成約していただく場合は、成約率が25％になります。成約率が50％

に上がれば、フロントエンドが10名でもバックエンドは5名の成約となります。逆に、成約率を25%より上げるのが難しくて、バックエンドの成約数を10人に増やしたい場合は、フロントエンドの集客を40名に増やす必要があります。この集客数・成約率・成約数の関係を理解しておけば、どこを伸ばすことで売り上げにつなげることができるか、わかるようになります。

このように成約率のことも意識することで、情報発信の内容や目的が変わってきますので、ここまで意識していただきたいと思います。


次に、フロントエンドの具体例をいくつか取り上げます。

セミナー

フロントエンドとしては、セミナーはとても有効です。

その理由としては、あなたが先生という立場で説明できるからです。あなたと参加者は先生と生徒という立場になるため、あなたの言うことを聴いてもらいやすくなります。また、1時間とか2時間とか、あなたの設定した時間を使って、十分な説明をする時間が与えられることになります。与えられた時間は、すべてあなたのシナリオで進めることが可能です。そして、とくにビジネスをされている男性であれば、セミナーの形式で学びの場を提供すると、より価値を感じてもらいやすいと思います。そこで、提供するサービスの価値が価格より大きく上回るのであれば、進んでサービスを受けるでしょう。

そのときに大切なのが、提供できる価値をしっかりと言葉にして伝えることです。楽しいとか、心が楽になるなど感情的なメリット、痛みや苦痛が和らぐなど身体的なメリット、美しくなる、痩せるなど美容的なメリット、売り上げが上がる、節約できるなどの金銭的なメリット、新しい情報、今まで知らなかった知識など知識的なメリットなど、求めている価値は人それぞれです。あなたが提供できるサービスがペルソナにとって何が必要かを深く考え、言葉としてわかりやすく伝えることが大切です。

また、やりとりできるメリットとしては、不安に思っていることなどサービスを受ける上で障害となっていることは何かを聞くことができます。もしかしたら、説明が不十分なだけで、実は問題とならない場合があります。不安要素を聞き出して、しっかりフォローすることができれば、顧客になり得ます。

セミナーを開催するときは、セミナー開催のサイトで募集することも可能です。開催回数が増え、実績がついてくると、セミナー開催のサイトから自動的に集客されるようになってきます。ただし、最初のうちは自分で集客する必要があります。

私の場合は、半年間、月1回のペースでセミナー開催してきたところ、約半年で、セミナーサイト内で見つけてもらい、お申し込みいただくようになり、1年後にはほとんどの集客がセミナーサイトで行なえるくらいの実績を積み上げてきました。まずは1年間、続けてみてください。セミナーへの集客は、メディアを使って行なうとよいでしょう。第2章以降を参照して、フロントエンドに誘導してください。

参考として、セミナーが開催できるサイトをいくつか紹介しておきます。

「ストアカ」
https://www.street-academy.com/
「Peatix」
https://peatix.com/
「セミナー情報.com」
https://www.seminarjyoho.com/

お茶会

女性向けのサービスの場合は、セミナーより、おしゃべりしたり悩みを相談したりすることができるようなお茶会のほうが、気軽に参加していただけるでしょう。そこでしっかりとお話ができて信頼関係を築くことができれば、興味をもってバックエンドにご参加いただける可能性があります。

リアルに開催するお茶会では、その場の雰囲気を演出し、楽しみながらお話できるとよいでしょう。オンラインの場合でも、気軽に相談できるような環境を工夫することも大切です。身近な友人には相談しにくい内容でも、第三者だからこそ、相談できることもあります。あなたにぜひ相談したいという雰囲気をつくって、親身に相談に乗ってあげてください。

そして、バックエンドにつながるようなご説明の時間も設けてください。大勢の場で決断するのが難しいようでしたら、体験セッションや個別相談につなげて、そこでおすすめするのもよいでしょう。

個別相談

個別相談もサービスの体験の一つです。有料でも無料でもよいですが、それぞれメリットとデメリットがあります。

有料の場合は、少し参加のハードルが高いと感じられますが、お金を払ってでも参加していただけるため、バックエンドにつながりやすいともいえます。また、少額でもお支払いいただくことにより、キャンセル率が大きく下がりますし、遅刻も少なくなります。しかし、参加数が少なくなる可能性もあります。

一方で、無料の場合は、参加していただきやすいのですが、ドタキャンされたり、無料だから参加してみただけといったりする人も増えます。ただ、人脈は広がりやすいですし、あなたの経験値を上げるという意味では行なう価値があるでしょう。

ポイントとしては、しっかりとサービスを説明する時間を設けることです。その次のアポを取り、２回めは相手の悩みをおうかがいするなどのヒアリングをしましょう。そして、３回めのアポイントにつなげます。３回めには、サービスを受けた場合のメリットをプレゼンテーションの時間としましょう。そして、その場でしっかりと判断していただき、成約につなげましょう。

個別相談も、目的をもって対応することにより、有効な手段となり得ます。

動画講座

説明する内容がある程度決まってきたら、動画で開催することも可能です。そうすることにより、効率を大幅に上げることができます。また、好きな場所と都合のよい時間に参加できるので、より広い人が対象となります。しかし、質疑応答することや、その場の雰囲気を見ながら説明内容を変更することができないので、実際にやりとりしながら対応するよりは、信頼関係を得にくいかもしれません。そして何より、途中で離脱される可能性が高くなります。さすがに、直接やりとりしている途中で退出するのは相手にも失礼だと思い、よほどのことがない限り退出されることはありませんが、動画であれば、気にする必要はありません。つまらないと思われた時点で関係性がストップしてしまいます。そのため、動画のシナリオがとても大切になります。

何度も試して、ブラッシュアップしながら、効果のあるフロントエンドとなる動画講座を作ってみてください。質問を受けつけるフォームを用意して、そこに問い合わせのあった内容については、動画の付属講座として追加で提供するのもよいでしょう。

ある程度、ビジネスが拡大してきたら、動画講座のような効率化も検討してみてください。

フロントエンドにつなげるためのメディア

ここまで、バックエンド、フロントエンドについて説明してきました。では、フロントエンドにきてもらうにはどうすればよいでしょうか。それに必要なのが、インターネットメディアなのです。もちろん、直接お誘いして、フロントエンドに来てもらうのもよいですが、直接お誘いしたり、紹介をいただいたりするだけでは、なかなか大きな集客にはつながりません。紹介をいただくためには、時間をかけた信頼関係の構築が必要です。

しかも、オンラインで行なうセミナーであれば、参加場所も問いません。せっかくオンラインでの開催が広がってきているので、全国、全世界から集客したいですよね。

そのためには、インターネットメディアが不可欠です。インターネットメディアを活用するためには、ここでしっかり理解しておく必要があります。

インターネットのメディアにもさまざまな特徴があります。

まずは、フロー型メディア、ストック型メディア、プッシュ型メディアという、３つの種類に分けて考えます。

購買行動の基本プロセスにあてはめると、下記のようになります。

１ 認知…………フロー型メディア
２ 信頼構築………ストック型メディア
３ セールス………プッシュ型メディア

4 購買………フロントエンド、バックエンド

厳密にあてはまるわけではないのですが、基本的には、フロー型メディアで認知拡大をして、ストック型メディアで信頼関係を築き、プッシュ型メディアで収益につなげていきます。もちろん、フロー型メディアで信頼関係を築くこともできますし、ストック型メディアで認知してもらうことも可能です。そして、プッシュ型メディアで信頼関係を築くこともできます。大きな流れとしては、この順番だと考えてください。

フロー型メディア

タイムラインがメインで今を重視するメディアのことを、本書ではフロー型メディアとします。過去のエピソードに遡ることも可能ですが、タイムラインがどんどんと流れていき、今を重視しています。また、シェアしたり、「いいね！」の反応があったりすると、つながっている人の中で情報を共有しやすい特徴があります。たとえば、twitter・Facebook・Instagramです。

このメディアの目的としては、認知してもらうことです。まずは、知ってもらう必要があります。そして興味をもってもらい、次の行動に移してもらいます。そのため、フロー型メディアでは興味をもってもらえるような発信を心がけます。たとえば、共感してもらえるような内

容だったり、興味をもってもらえる考え方を伝えたり、ためになる情報を提供したりするとよいでしょう。そして、次のストックメディアに導きます。

フロー型メディアでの発信のポイントとしては、バックエンドで設定したペルソナに興味をもってもらえる内容であるということです。しっかりとバックエンドを意識した発信としてください。そうしなければ、多くのフォロワーが集まったとしても、ビジネスにはつながらないという事態が発生してしまいます。また、キーワードの使い方やタグ付けの言葉についても意識しましょう。関心を集めている記事により、今までまったく接点のなかった人に情報が届く可能性があります。ただし、無理やりタグやキーワードだけ埋め込んでも逆効果です。提供している情報とまったく関係のないキーワードやタグが埋め込まれていても、それは有効な情報ではないと判断され、かえって評価を下げてしまいます。やはり内容が重要です。見込み顧客であるペルソナに役立つ情報だとか、共感すると感じていただくことを意識して発信してください。

また、集客メディアとしては、Ｗｅｂ広告やＳＮＳ広告も有効です。どれくらいの費用をかけて広告を使用するかということですが、最終的なサービスの利益から考えてみるとよいでしょう。たとえば、１名利用すると３万円の利益が出るサービスだとします。１名の最終サービスを得るために投資できる費用の求め方を説明します。フロントエンドのサービスにきていただいた人の50％がバックエンドを購入してくれる場合は、２名のフロントエンドサービスの集客が必要です。プッシュ型メディアの１％がフロントエンドサービスに参加してくれる場合は、２００名の登録が必要になります。そして、広告からプッシュ型メディアへの登録が１％の場合は、２万人に届く必要があります。たとえば、２万リーチが1万円で広告できるサービスであれば、十分に利益が出るといえます。私は今後のことも考えて、実績作りの段階では、利益の３万円分をすべて広告にかけてもいいのではないかと思います。

そして、交流会に参加して見込み客を集客することも可能です。自分のサービスをＰＲできる時間があれば、そこからストック型メディアのアピールや、フロントエンドの紹介をして、メディアにつなげるのも集客方法の一つです。

オンライン、オフラインなど、さまざまな手段を組み合わせて、ストック型メディアにつなげるとよいでしょう。

ストック型メディア

コンテンツを蓄積して過去のものも比較的閲覧されやすいメディアのことを、本書ではストック型メディアとします。過去に配信したエピソードや記事に遡りやすく、連続して閲覧されやすいという特徴があります。

たとえば、ポッドキャスト・ブログ・YouTubeです。このメディアの目的としては、信頼を獲得することです。コンテンツがストックされるため、比較的、長期にわたって閲覧してもらえるという特徴があります。そのため、そのときにしか役に立たない情報より、少し時間が経過してから見ても、ためになるような情報がよいです。

たとえば、メリットを感じてもらえるようなお得な情報だったり、勉強になるような情報だったりと、お役に立てる情報を提供します。また、「自分のことをすごくわかってくれる」と共感してもらえたり、「この人の情報は楽しめる」と喜んでもらえたりする情報も有効です。このような情報を提供することによって、信頼関係が生まれ、次のプッシュ型メディアやフロントエンドにつながりやすくなります。

ただし、何でも発信してよいわけではありません。

ペルソナを設定して、その人が知りたいという情報を集めることが大切です。いろいろなことを知っているからといって、さまざまなジャンルのことをいっしょのチャンネルで発信してしまうと、受け取る人は混乱してしまいます。また、自分の必要としない情報が多いと思って、かえって興味を失うことになります。そのため、ペルソナがどんな情報を必要としているのか

ためになる情報を見極め、ペルソナが必要としている情報に絞って発信することが大切です。継続的に聴いてや楽しめる情報を継続的に発信すると、その情報を得ることを楽しみにして、継続的に聴いてくれるファンが現われます。その内容を熱心に聴いていただけるようになれば、次のアクションを起こしてもらいやすくなります。

たとえば、毎週、聴いているポッドキャスト番組で、オンライン交流会があるという案内が発信されていた場合、ちょっと参加してみたくなりませんか。オンライン交流会であれば、直接、質問できるため、参加するメリットがあります。また、特典付きのＬＩＮＥ公式アカウントやメルマガの紹介があれば、登録してみたくなるかもしれません。

このように、ストック型メディアは継続的に発信することにより、ファンになってもらいやすくなります。

プッシュ型メディア

登録者に対して、発信者側からメッセージを送ることができるメディアのことを、本書ではプッシュ型メディアとします。他のメディアでは、利用者に見に来てもらって、情報を引っ張ってもらう必要がありますが、プッシュ型メディアは発信者側から送ることが可能なメディアです。たとえば、メルマガ、ＬＩＮＥ公式アカウントです。このメディアの目的としては、フロントエンドを利用してもらうことです。さらなる信頼関係を構築したり、お知らせを提供したりできます。

では、プッシュ型メディアでの配信の頻度はどれくらいがよいでしょうか。これは、どんな内容の情報を提供するのかが重要です。たとえば、毎日のようにそれほど興味のない、長文のメールが届く場合、どのように感じるでしょうか。おそらくは、もう必要ないと思われるでしょう。まずは、受け手であるペルソナがどんな情報を必要としているのか想像することが大切で、その大前提がずれていると、決して想いは届きません。

必要としている情報を送付するヒントとしては、ペルソナの生活スタイルを考えた分量と配信頻度を想定してみましょう。決して、毎日発信するのが悪いわけではありません。ただし、とても有効な情報だとしても、消化しきれないほどの分量が送られてくれば、結局は溜まってしまって活用されずに登録解除されてしまいます。ペルソナ視点で考えることが大切です。そして、信頼関係が出来上がって、あなたのサービスに十分、興味をもっていただいたころに、フロントエンドのご紹介をしてみましょう。信頼関係ができていれば、フロントエンドにお申し込みいただけるでしょう。

たとえば、イベント参加のオファーや、セミナー参加のオファー、新サービスのご案内、１

対1の無料相談など、ペルソナを想定してご案内してみてください。信頼関係を構築して、魅力あるサービスであれば、直接、情報をお届けできるプッシュ型メディアが力を発揮します。

第2章

なぜ、これから音声メディアなのか

第1章では、メディアをツールの機能として3つに分類して説明しましたが、第2章では、扱っている情報の種類によって分類し、特徴を整理したいと思います。

動画・写真は受動的、文章・音声は能動的なメディアだと感じています。人の記憶は画像によるところが大きいです。そのため、映像を与えられてそのまま受け取るのか、自分で言葉を理解して想像して画像をイメージとして作り上げるかというところで、大きく異なります。与えられたものをそのまま受け取るのは楽です。しかし、理解してイメージするとなれば、頭を働かせる必要があるため、労力を使います。そのため、単に与えられたイメージより、自分で想像して作り出したイメージのほうが肯定的に捉えることができ、記憶にも残りやすいという特徴があります。そのことも踏まえて、メディアを使い分けてはいかがでしょう。

今一番人気！　動画配信

動画の魅力は、何といっても圧倒的な情報量です。視覚からの情報量は圧倒的に多く、それが動画となれば、画像も音声も、そしてテロップには文章も含まれます。つまり、ありとあらゆる情報が詰め込まれています。

では、動画の特徴を見ていきましょう。

動画のメリット

圧倒的な情報量があり、一瞬で惹きつけることができます。百聞は一見にしかずともいわれるように、見てしまえば理解できることも多くあります。映像の力はすごいです。しかも、受け手にそれほど思考力を使ってもらう必要がないことも、取り入れやすい要因だと考えています。頭を使って、エネルギーを使いながら情報収集するのは大変ですよね。そのため、簡単に理解できる動画が取り入れられやすくなっているともいえます。

また、配信者側にもメリットがあります。動画の配信サービスは多数あり、その機能も豊富です。そして、さまざまなSNSとの連携もしやすいという特徴もあります。利用者が多いため、アクセス数が爆発的に増える可能性もあります。そして、アクセスを増やすことができれば、広告収入も見込めます。さらに、最近ではスマートフォンで簡単に撮影することも可能なので、手軽に配信できるようになりました。

動画のデメリット

一方で、デメリットもあります。圧倒的な情報量があるため、作り込むための苦労はあります。また、クオリティの差がとても現われやすいのも事実です。しっかり作り込んで、魅力ある動画を作るには、大きなコストがかかります。収録の場所・ビデオカメラの性能・照明器具の準備・メイク・衣装から、編集ではＢＧＭ・テロップ・画面の切り替えなど、あらゆる配慮が必要です。そして、出演者も視線や身振り手振りなど、どのように写っているかを意識する必要があります。クオリティを上げるためには、それなりにコストをかける必要があります。

また、動画の場合、画面の向こう側とこちら側の世界は、別世界に感じられやすいと思いませんか。そのため、自分事として捉えてもらうためには、配慮も必要です。たとえば、共感してもらえるような話題を例にしたり、身近なことを取り上げたり、自己開示をしたりすることで親近感をもってもらうこともよいでしょう。押しつけられていると思われないような発信を心がけてみてください。

まだまだ根強い人気！　ブログやメルマガ

個人で発信ができるようになった最初のメディアといえば、文章のメディアですね。ブログやメルマガなどは今でも活用されていますが、最近ではｎｏｔｅの人気も高いですよね。

文章は一番身近なメディアなので、発信する気軽さもあります。学生のころから、文章を書くことは訓練されています。教科書から始まり、書籍や雑誌などに触れる機会が多いメディアです。そのため、取り組みやすいですが、難しい面もあります。

では、文章メディアの特徴をみていきましょう。

文章のメリット

正確に伝達が可能なことは大きなメリットです。ＵＲＬ、同音異義語など、音声ではわかりづらいことも、文字にすると理解しやすいものがあります。インターネット上では、リンクもクリックするだけで別の参照先に移動することが可能なのもメリットです。

慣れると情報収集のスピードが圧倒的に早くなるのも大きなメリットです。速読ができるようになれば、圧倒的な情報量を瞬時に得られます。動画や音声はどうしても再生速度に依存します。２倍速で再生するなど工夫もできますが、限界はあると感じています。

映像がないので、受け手の頭でイメージしてもらえるのもメリットだと考えています。想像力をかき立てることができ、五感を刺激します。自分で想像したものは肯定的に受け止められる傾向にあります。

文章のデメリット

一方で、文章は受け手の能力に依拠することになります。最近では、文章を読み慣れない人が増えてきたので、長い文章が読まれにくくなってきています。そのため、読んでもらうための工夫が必要となります。ストーリーにしたり、空白をつくって読みやすくしたり、写真と組み合わせてわかりやすく表現したりなど、読者への配慮が大切です。漢字と平仮名のバランスを考えたり、理解しやすい表現にしたりと、読みやすくする工夫も必要です。

また、誤字脱字に対しては敏感な人が多いと感じます。それは、しっかりと編集された書籍が基準として考えられるためだと思います。編集された文章は読みやすく、理解しやすいのですが、個人で発信した文章は誤字脱字があったり、意味が通じにくかったりと、読み手に負担がかかってしまいます。

このあたりまで気をつけるとなると、意外と発信には手間がかかるかもしれません。

若者を中心に人気！　映える写真

スマートフォンでも簡単に写真を撮影できるようになってきました。しかも、高画質で、さまざまなシーンに合わせた写真を撮ることも可能です。そして何といってもさまざまなアプリにより、加工がしやすくなりました。

「インスタ映え」という言葉も使われるようになりました。

では、写真メディアの特徴をみていきましょう。

写真のメリット

見ただけで伝わるというのは圧倒的なメリットです。特徴的なシーンを切り出すことができ、インパクトを伝えやすいのも特徴です。そして、スマートフォンの性能も上がってきているので、魅力的な写真が手軽に撮れるようになっています。動画と比較して、過去のシーンを一覧から見つけやすいのも特徴です。動画で特定のシーンを見つけ出すには時間を追って見る必要があり、大変です。

美しい写真は、それだけで魅了されるという魅力があります。

写真のデメリット

切り取り方で魅力が大きく変わるので、技術や習熟が必要となります。撮影の技術によって、印象がまったく変わってしまうので、ある程度の技術が必要になります。業種によっては、写真で撮影しづらいコンテンツもあります。たとえばコンサルタントや講師業、士業など、知識を売りにしている業種は特徴を見た目で表現するのが難しいです。そのため、写真のメディアを使って、継続的に発信するコンテンツを作り出すのが大変です。最近では、写真投稿のメディアで文章を使って発信している人もいます。このような工夫も必要ですね。

これから人気になる！　人柄が伝わる音声

音声メディアは、一般的にはまだまだ活用が進んでいません。実は、他のメディアとも異なった特徴をもっているので、これから活用のメリットがあるメディアだと考えています。では、音声メディアの特徴をみていきましょう。

利用できるシーンが多い

他のメディアと違って、視覚を使わず聴覚だけで情報収集できる唯一のメディアです。そのため、別のことをやりながら利用してもらうことができます。たとえば、電車やバスでの移動中に聴く人は多いでしょう。運転しながらでも聴くことができます。ウォーキングやランニングなど軽い運動なら、聴きながらできます。そして、料理や洗濯などの家事をしながらでも聴くことができます。このように、他のことをやりながら聴くことができるメディアです。

また、アプリの特性にもよりますが、ポッドキャストは他のアプリを操作しながらでも聴き続けられます。たとえば、Facebookでタイムラインをチェックしながら聴く、Twitterに投稿しながら聴くなど、他の作業をやりながら聴くことができます。そのため、集中して聴いてもらえないということもあるかと思いますが、気になったキーワードが出てきたり、聴き逃したらもう一度再生したりすることができるのも、ポッドキャストのメリットでもあります。

ライバルが少ない

まだまだ音声メディアを活用している人は少ないと思います。ちょっとハードルが高く感じたり、なじみがうすかったりするメディアなので、始めづらいのかなとも感じています。その一方で、ライバルが少ないため、注目作品として取り上げてもらいやすかったり、ランキングの上位に掲載されやすかったりと、ニッチなメディアならではのメリットもあります。

手軽に感情が伝わる

文章の場合、どうしても感情を伝えるのに苦労すると思います。同じ「ありがとう」でも心を込めて言っているのか、つけ足したように伝えているのか、嫌そうに言っているのかは補足の説明がなければわかりません。でも、自分の声で伝えると、その感情もいっしょに伝わります。それに加えて、どんな雰囲気の人なのか、どのような性格の人なのかということも声からにじみ出てくるものがあります。

音声のデメリット

まだ、配信している人が少ないので、やり方が浸透してきていないということがあります。そして、配信に対応しているプラットフォームもまだまだ少ないと感じています。Facebookは動画に対応していますが、音声の配信には対応していません。LINE公式アカウントもメッセージには音声で発信できますが、タイムラインには発信できません。YouTubeも映像がついていなければ、発信できないなど、各メディアで音声が対応していないことが多くあります。

それぞれのメディアに、メリット、デメリットはあります。あなたのビジネスに合わせて使い分けてみてください。

第3章

ポッドキャストというツールの魅力

それでは、いよいよポッドキャストについての説明を進めていきます。

２０２０年9月時点で、ポッドキャストのプラットフォームを提供している主な企業には、Apple・Google・Spotify・Amazon があります。Apple は２００４年ごろからサービスを提供しており、２０１４年から iPhone の標準アプリとして iPhone 購入直後から聴けるようになっています。そして、Google と Spotify は２０１８年からポッドキャスト事業を手掛け、Amazon は２０２０年から開始しています。

私は２０１４年からポッドキャストの配信をサポートしていますが、まだまだポッドキャストのメディアが知られていないなと感じています。そこで、ポッドキャストというメディアがどんな特徴をもっているのか、詳しく説明します。

ユーザー数の一番多い Apple Podcast を中心に、リスナー目線・配信者目線で、それぞれの特徴を説明していきます。

リスナーにとって魅力ある音声メディア

まずは、リスナーにとってどんなメリットがあるのか、リスナー目線で特徴を見ていきましょう。

ながらで聴ける

音声だけなので、他のことをやりながら情報収集することができます。私は、移動中に聴くことが多いです。歩きながら、電車に乗りながら、運転しながらなど、移動しながら聴くことが可能です。視覚を遮られることがないため可能なことです。音声以外のメディアは、すべて視覚から情報を得ることになります。そのため、ながらで情報を得ることはできません。

他にも、ジョギングやウォーキングなど、軽い運動をしながら聴いている人もいます。また、料理や洗濯などの家事をしながら聴いているという人もいらっしゃいます。このように、利用シーンがとても多いのが特徴です。

ちょっとした隙間時間にも気軽に聴けるメディアです。

感情やニュアンスが伝わりやすい

映像はすごくインパクトがあり、情報量も一番多いです。その次は音声です。やはり、文字は情報量としてはかなり圧縮されています。そのため、どんな雰囲気で伝えているのか、どんなニュアンスなのかが分かりづらいことがあります。

たとえば、メールでやりとりしていても、なかなか意図が伝わらず、何往復もやりとりしたという経験はありませんか。それが、電話で説明するとすぐに理解してもらえたということもあると思います。音声には感情も伝わります。そしてちょっとしたニュアンスも伝わりやすいです。どのような意図で話しているのかと想像力を使ってイメージしてもらえるので、印象にも残りやすくなります。

想いや感情もくみ取りやすいメディアです。

いつでも、どこでも聴ける

ラジオには番組表があり、何曜日の何時何分から開始するということが決まっています。最近では、radikoというラジオをスマートフォンのアプリで聴けるサービスがあります。このサービスの中で、タイムシフトの機能があり、後から聴くことも可能ですが、1週間分と期限が決まっています。そして、基本的に放送エリアが決まっているため、エリア外で聴くことができません。

一方で、ポッドキャストはブログ記事のように、コンテンツは残り続けます。そのため、1年前に配信したエピソードでも聴くことができます。また、エリアも決まっていないため、インターネットに接続できる場所であれば、海外でも聴くことが可能です。

好きな場所で、好きなときに聴けるメディアです。

ダウンロードして聴ける

もともと、音声のファイルサイズは動画の約10分の1と小さいので、パケット消費が少ないことがメリットとしてあります。しかも、ダウンロードして聴くことが可能です。つまりWi-Fiの環境でダウンロードしてしまえば、パケットをまったく消費することなく、楽しむことが可能です。YouTubeなどの動画サービスはストリーミング再生で、常にパケット消費する必要があります。そのため、外出先で動画を見ようとすると、どうしてもパケットを大量に消費してしまいます。モバイル環境では、まだまだ無制限に使えるわけではないので、どうしても気にしながら使うことになります。

また、ダウンロードして聴けるということは、通信環境に影響を受けません。つまり、地下鉄の中や、飛行機の中など、ネット環境があまり良くない状況でもダウンロードしているため、再生が途中で止まることなく、ストレスを感じることなく聴き続けられます。

ポッドキャストでは、パケットの消費を気にすることなく好きな番組をいくらでも聴くことが可能です。そして、「登録」（※登録は無料です）ボタンを押して番組を登録しておくと、更新があれば wi-fi 環境になると自動的にダウンロードされます。つまり、自分で明示的にダウンロードしておく必要もありません。しかも、エピソードを最後まで再生すると、24時間後に自動的に削除されるので、ディスクを圧迫しません。

お財布にも優しいメディアです。

バックグラウンド再生できる

動画の場合、アプリの仕様にもよりますが、画面を表示しておかなければ再生されません。しかしながら、ポッドキャストは他の操作をしながらでも再生が可能です。つまり、別のアプリを使用しながらバックグラウンドで再生することも可能です。これは、他のことをやりながら聴くことができるので、忙しいビジネスマンにとっては嬉しいですね。私も Facebook を閲覧したり、メッセージの返信をしたりしながら聴いていることも多いです。非常に効率よく時間を過ごせるので、この機能も気に入っています。

他のアプリと共存しやすいメディアです。

再生速度を自由に変更できる

２０２０年9月時点では下記のような状況です。iPhone のポッドキャストアプリは０・５倍速から2倍速まで聴けます。Spotify と Google Podcast と Amazon では０・５倍速から３倍速で聴けます。慣れてくると、３倍速でも聴けるようになるので、時間短縮にもなります。私の体感ですが、スピーカーとイヤホンでも聴き取れる速度は変わってきますね。

効率的に情報収集できるメディアです。

広告が入らない

配信者が意図的に音声に広告を含めれば、広告を入れることもできますが、動画サービスやＷＥＢサービスのように、現時点では簡単に広告を入れることはできません。そのため、音声を聴いていて急に広告が挿入されるということがないのは嬉しいです。広告の煩わしさに悩むことなく、好きなコンテンツを聴き続けられます。

純粋にコンテンツを楽しめるメディアです。

無料で聴ける

ポッドキャストはツールの特性上、有料での配信はありません。技術的に組み込まれていないため、すべてのコンテンツを無料で聴くことが可能です。なので、どこから課金されるのか、有料なのか気にすることなく、すべてのコンテンツを楽しめます。

すべて無料で聴けるメディアです。

選択した番組のみ再生される

YouTubeで動画を連続再生していると、おすすめの番組に自動的にジャンプすることがあります。新たな発見につながることもありますが、そのチャンネルを連続で聴きたいということがありますよね。

ポッドキャストは、自動的に他のチャンネルが再生されることはありません。そして、おすすめのエピソード順ではなく、公開日時順に再生されます。そのため、時系列に聴いてもらいやすいのが特徴です。ただし、Apple Podcastの初期設定では、新しいエピソードから古いエピソードと逆順になっています。番組ごとの設定で、古いエピソードから新しいエピソードという順番で再生することも可能です。

お気に入りの番組のみ再生できるメディアです。

途中から再開できる

再生の途中で停止して、別のエピソードに移ったり、他のチャンネルを聴き始めたりして、再び元のエピソードに戻ると、続きから再生ができます。ＷＥＢサービスのネットラジオの場合、続きからの再生や、早送りや巻き戻しの操作が難しいですが、ポッドキャストはアプリとしてさまざまな機能が組み込まれているため、ストレスなく聴き続けられます。

私は個人的に、お気に入りの番組を好きな順序で連続再生できるステーション機能がすごいと感じています。いつも、優先順位の高い番組から連続再生できるように設定しているため、お気に入りの番組から聴くことが可能です。

アプリとして完成度の高いメディアです。

配信者にとって魅力ある音声メディア

配信者にとっても、メリットが非常に多いメディアです。どんなメリットがあるのか、紹介いたします。

場所や衣装を気にする必要がない

動画の場合は見た目が大切です。どんな衣装を着るか、どのような場所で撮影するか、女性はメイクも気にする必要があります。見た目の印象はとても大きいため、ブランディングのためにはとても大切なことです。そのため、気にすべきポイントも増えます。しっかりブランディングするためには撮影場所や衣装や表情など気にすることは多くあります。

その点、音声だけであれば収録場所も選択の幅が広がります。静かな場所であれば、会議室や自宅でも可能です。周りが映らないので、想いを込めれば収録が可能です。

見た目を気にせず収録できるメディアです。

原稿を見ながら収録できる

動画の場合は、衣装や背景はもちろん、どこを向いて話しているかという視線も気になります。しっかりとカメラに向かったり、出演者と目を合わせたりと、視線にまで気をつかいながら話す必要があります。しかし、音声メディアは顔が映らないので、原稿を見ながら、進行を確認したり、予定していた質問を確認したりしながら話をすることができます。

しっかりとした原稿を作って、そのとおりお話することも可能です。ただし、慣れていないと、原稿を作ってそのまま読み上げて不自然な感じになる可能性もあります。音声では自然な感じで、あなたの人柄を伝えてもらいたいので、できるだけ自分の言葉で話してみてください。

目線を気にせず話ができるメディアです。

言い間違いが許容してもらいやすい

文章で発信する場合、誤字脱字は目立ってしまいます。皆さんが見ている文章や出版された書籍がベースになっているからです。しっかりと編集された読みやすい文章と比較して、自分で作成する文章をそのレベルまで引き上げるには、工夫が必要です。

ところが、音声の場合は、日常会話が基準になるため、多少の言い間違いは前後の文脈で理解してもらいやすく、それほど気にすることなく発信しても許容されやすいです。

許容範囲の広いメディアです。

短時間でコンテンツを作れる

言い間違いが許容してもらいやすいと伝えましたが、誤ったことを言ってしまった場合は、編集することも可能です。ポッドキャストは、ライブ配信ではなく、収録してから配信するという特徴ももっています。動画の場合は、1つのカメラで撮影した場合、カットすると明らかに画面が切り替わるので、わかってしまいます。

ところが、音声の場合、呼吸のタイミングで編集すると、まったくわかりません。呼吸のタイミングは無音になるため、切り取りのタイミングになります。

私は、BGMをつけて簡単に編集して配信しています。10分番組だとしたら約10分程度に編集すれば配信が可能です。すべてを聴き直すわけではなく、音量の調整・ノイズの低減・BGMの設定・mp3への変換・配信設定とそれだけで、発信することができます。しかも、ファイルサイズが小さいため、それほど高性能なパソコンを使わなくても、サクサクと編集することが可能です。

映像には編集の手間がかかりますし、文章も文字に書き起こしたり、読みやすく編集したりと手間をかける必要があります。そういった意味でも、メディアとしては情報量と比較するとかなり手軽に発信できる部類に入ります。

編集の手間が少ないメディアです。

ブランディングになりやすい

そして、何より、まだまだ音声メディアを活用している人が少ないので、ブランドになりやすいです。同じ業界でも音声発信している人は少ないと、特別な感じになります。動画は配信している人が増えてきたので、だんだんと珍しくなくなってきました。

しかし、音声で配信している人はまだまだ少ないので、すごいですね！　と言われることが多く、興味をもっていただけることも多くあります。ぜひ、他の人と違ったメディアで、ブランディングしたいという人は活用してみてください。

また、文章だとコピーしてそのまま流用されてしまうこともありますが、音声の場合はそのまま使っても元の発信者の声になります。同じ内容を喋ったとしても、同じように表現することは難しいものです。そういった意味でも、真似されにくく、オリジナリティを出しやすいメディアです。

ブランドを作りやすいメディアです。

数多くある配信可能なプラットフォーム

Apple・Google・Spotify・Amazon・Androidアプリと、配信対象のプラットフォームが増えています。アプリも多数あります。一社が独占しているわけではないので、共通の仕組みを使って同時に配信できます。そのため、ポッドキャストは他の音声配信よりリスナー拡大の可能性が高いメディアです。

ポッドキャストは、まだまだ検索で見つけてもらいにくいですが、Googleがポッドキャストを開始したことにより、検索結果にポッドキャストのエピソードが表示されるようになってきました。今後はポッドキャストも集客ツールとしてもっと注目を集めてくると思います。

また、ポッドキャストのリスナーが増え、アクセスが増えてくると、注目の作品として、iPhone（Apple社）のポッドキャストやSpotifyやGoogle Podcastで紹介されることがあります。そうなると、集客ツールにもなり得ます。私のポッドキャスト番組をおすすめ作品から見つけてもらい、そこからファンになって、お客様になっていただくケースもあります。

この表示基準は明確になっていませんが、Appleのポッドキャストは、「登録」もしくは「サブスクリプション登録」のボタンが押されて購読者の数が増えると掲載されることが多くなる傾向にあります。つまり、しっかりと登録してもらって聴いていただく必要があります。ランキングも同じ傾向にありますので、ぜひ、購読や登録をうながして聴いてもらいましょう。

最後まで聴かれる完全聴取率が高い

最初から最後まで動画や音声を再生してもらう割合のことを、完全聴取率といいます。じつは、音声メディアの完全聴取率は90％を超えるといわれており、YouTube の３～４倍あるそうです。私の経験でも、基本的には他のことをやりながら連続再生しているため、わざわざ止める理由がありません。そして、好きな番組だけを集めて、リスト化しているため、お気に入りの番組だけが再生されるため、煩わしさも感じません。そのため、完全聴取率が高い傾向にあるといえます。

最後まで聴いてもらえるメディアです。

ポッドキャストのデメリット

今まで、メリットばかりお伝えしてきましたが、デメリットもあります。どのメディアが絶対的に良いというわけではなく、それぞれのメディアの特徴を捉えて、活用することが大切です。

配信開始までの準備

配信するための準備が難しいということが挙げられます。YouTube や Twitter などは、それぞれ単独の企業が独自のサービスとして展開しています。そのため、簡単に登録できて、発信できるというメリットがあります。

しかし、ポッドキャストは、特定の企業のサービスというわけではありません。そのため、配信に手間がかかってしまいます。一般的には、自分でサーバーを用意して、WordPress をインストールしてからポッドキャストのプラグインを導入します。その後、必要な内容を設定して、準備ができたら各メディアへ申請をし、許可されれば配信が開始となります。

このように、配信までに手間がかかりますが、Anchor というサービスを使うと比較的、簡単にポッドキャストを配信することが可能です。ただし、サービス依存になるため、サービスが停止してしまうと発信も止まってしまい、過去のデータも取り出せなくなる可能性もあるため、リスクを考えての対策が必要となります。

ライブ配信ができない

最近はライブ配信も人気です。「ポッドキャストでライブ配信はできますか」と聞かれることもありますが、ライブ機能は入っていません。ライブ配信はリスナーとのリアルタイムの交流となるので、活用次第では信頼関係の構築につながります。

仕組みとして、録音したものをファイルとして書き出し、そのファイルをアップロードして公開して初めて聴けるようになります。仕組み上、ライブ配信が難しいメディアです。

限定公開ができない

一部の人だけに公開できるような、限定公開の機能もあると便利ですよね。しかしながら、この機能もありません。公開すると全世界に向けて発信することになります。そして、非公開にすると、すべての人が聴けなくなります。会員だけに限定して音声配信するには、別の方法を考える必要があります。たとえば、パスワード付きのＷＥＢサイトで会員にログインして聴いてもらうなどの方法もあります。

課金できない

課金機能も備わっていません。そのため、すべて無料で情報を公開する必要があります。もし、音声コンテンツを有料で販売するとなれば、独自にコンテンツ販売するか、ｎｏｔｅを活用して販売することも可能です。他に、デジタルコンテンツを有料販売できるサイトもあるので、参考にするとよいでしょう。

広告収入を得にくい

ポッドキャストには、まだ自動的に広告が挿入される機能を簡単にはつけることが難しい状況です。自分でスポンサーを探して、独自に音声広告を挿入するなど、やり方はいくつかあります。アメリカではポッドキャストに対する広告も増えているようなので、いずれ日本でもポッドキャストで広告収入を得られるようになるかもしれません。

著作権管理がされていない

YouTube には、Content ID というシステムが取り入れられていて、権利者の著作物を検出し、正しく利用されるようコントロールできる仕組みです。音源や映像など、権利者を判別して、歌ってみたとか、踊ってみたという、第三者が発信したコンテンツも判別できる仕組みがあります。そのため、権利者は、動画を止める「ブロック」、動画がいつどこで閲覧されているかといったアナリティクス情報を見られるようにする「トラック」、その動画から得られる収益をアップロード者ではなく権利者に渡すための「マネタイズ」の3つから選択できるようになっています。この仕組みがあることにより、著作権が必要なコンテンツをアップロードすることができるため、広くコンテンツが普及しています。

一方、ポッドキャストは、Apple・Google・Spotify・Amazonなど、さまざまなプラットフォームが存在し、発信情報の管理は発信者に任せられています。そのため、著作権情報はそれぞれの発信者が意識する必要があります。YouTubeのように1社で管理しているわけではないので、著作権管理は難しい問題です。しかしながら、広告収益を得られる仕組みがまだ確立されていないため、アクセス数を稼ぐという明確なメリットがない現状もあることから、違法配信がほとんど見られないのではないかと考えています。

今後は著作権の管理も課題になってくるでしょう。

メッセージのやり取りが難しい

ポッドキャストには「評価とレビュー」の機能はありますが、ここへ評価やレビューを集めるのはなかなか難しい状況です。その要因としては、プラットフォームが複数あったり、レビューの表示までに時間がかかったり、一つのアカウントで複数のコメントを記載できなかったりと、制限がいくつかあることが考えられます。

リスナーとのコメントのやり取りは発信者にとっての励みにもなるので、私自身、コメントはもっと気軽に受けつけられると嬉しいなと感じています。

メッセージをやりとりするために、LINE公式アカウントへの登録を促したり、Twitterでつながったりするなど、他のメディアを活用するとよいでしょう。

メリット・デメリットを把握して、ポッドキャストを活用してみてください。

column

収録方法

収録方法についても問い合わせをいただくことがあるので、いくつかご紹介いたします。

一番簡単な方法としては、iPhoneのボイスメモ機能を使うことです。スマートフォンが高性能になっているので、音質も良く収録可能になってきました。ポイントとしては、できるだけ口に近いところにマイクを配置するのがよいです。手で持っていると雑音が入る場合があるので、三脚に立てて録音することをおすすめします。テーブルの振動を伝わりにくくするためにタオルを敷いておくのもおすすめです。

本格的に、より良い音質で録音するには、専用の機材で録音することをおすすめいたします。私は、「ZOOM H5 リニア PCM/IC ハンディレコーダー」に「SHURE SM58」のマイクをつけて収録しています。特典ページに詳細を記載していますので、ご興味あればアクセスして、チェックしてみてください。

そして、最近ではオンラインで収録をすることもあります。ZOOMミーティングのレコーディング機能を活用しています。パソコンの内蔵マイクやイヤホンマイクだと音質が良くないですが、USB接続の外付けマイクをつけると音質が向上します。「Blue USB コンデンサーマイク」が人気です。5000円くらいのマイクでも明らかな違いがわかります。可能であれば、相手の方にもマイクを使ってもらうとよいですね。そして、ZOOMミーティングのレコーディング設定に「各話者の音声トラックを録音する」（OSによって名称は異なります）にチェックを入れてローカルレコーディングすると、それぞれ別音声ファイルとして保存されます。そうすると、あとから音量調整しやすくなります。また、編集ソフトを使ってノイズ低減する場合は、ZOOMミーティングのノイズ低減を使わないことをおすすめします。ZOOMミーティングの「オーディオ」設定に「背景雑音を抑制」がありまず。この設定を低くするか切ることによって、マイクに入力された音質に近い状態で録音されます。この音源を元にご自身で編集すると、さらに音質を上げられるでしょう。

音質が良いと、リスナーのストレスも軽減されます。ぜひ、音質にもこだわって配信してみてください。

第4章 音声で発信するための基礎知識

ここまで、ビジネスの全体像から、それぞれのメディアの特徴、そしてポッドキャストの特徴を説明してきました。ここからは、いよいよ、音声で発信するために必要なことを順番に解説いたします。あなたのビジネスを思い浮かべながら読み進めてみてください。

その1　番組配信の目的を決める！

ビジネスをする上で、なぜメディアを使用するのかを意識しておく必要があります。

最近は、YouTuberといわれるように広告から収入を得るビジネスをされている人もいます。

また、アフェリエイトで他社の商品を紹介して収入を得る方法もあります。メリットとしては、自分で販売する商品がなくても収益を得ることができるということがあります。しかし、報酬率が変わってしまったり、アプリのルールが変わってしまったりすると、ビジネスとしての影響がかなり大きくなります。

われわれのような中小企業や個人事業は、アクセスを集めて広告収入を得るより、自分のビジネスを知ってもらい、興味をもってもらい、信頼を得て利用してもらうという流れをつくって、ビジネスにつなげることが大切です。

そして、ポッドキャストの場合、たとえば10分番組を１００回配信すると、１０００分です。これは16時間40分に相当します。これだけの時間を費やして、自分の話を聴いてもらえていると考えると、すごくないですか！　これだけ聴き続けている人は、ファンになっていただいたと思って間違いないのではないでしょうか。簡単に得られる特典があれば、申し込んでもらえる可能性は非常に高いです。

あるコンサルタントの人は、ポッドキャストを聴いてセミナーに申し込んだ場合、その先の経営塾に入会する割合が８割を超えるとおっしゃっていました。もちろん、その人のサービスが素晴らしいということもあるでしょう。メルマガやブログ経由で参加された人より、倍近い割合とのことなので、信頼関係構築には優れているといえます。最終的なゴールは何をめざしているのか考えて情報発信してみてください。明確な目的をもっておくことで、達成しやすくなります。

ポッドキャストの活用方法としては、主に「ビジネス拡大」「人脈拡大」「既存顧客のフォロー」という３つの目的があります。

では、順番に説明いたします。

ビジネスにつなげ、売上を拡大する

ビジネスを目的に情報発信する人の多くが、売り上げを拡大したいと考えているでしょう。どうやって、情報発信からビジネスにつなげて売り上げを拡大すればよいでしょうか。

それは、ビジネスにつなげるまでの導線を設計することが大切です。第1章でも記載したように、購買行動の基本プロセスは、次のようになります。

1 認知
2 信頼構築
3 セールス
4 購買

音声メディアはこの基本プロセスの中の「2 信頼構築」にあたります。そのため、定期的に情報発信して、「すごくためになる」とか、「言っていることがよくわかって、共感する」など、リスナーにとってメリットのある情報を提供することにより、少しずつ信頼関係を構築していきます。

認知を目的としたフロー型メディアをきっかけに番組を知ってもらい、音声メディアで信頼構築し、次にセールスを行なうプッシュ型メディアにつなげます。最初からセールスを行なうことは難しいですが、信頼関係が構築できた後なら、登録するだけで、とてもメリットのある無料音声がもらえるとか、簡単に参加できそうなセミナーの案内が届いたりすれば、登録したり、参加したくなりますよね。そこから購買につなげます。もちろん、信頼が築ければ、音声メディアからフロントエンドにつなげることも可能になります。

ビジネスにつなげ、売り上げ拡大を目標にするのであれば、この購買行動の基本プロセスを意識して、メディア発信していきましょう。

人脈を広げる

私が配信している番組の一つに、「経営者の志」があります。２０２０年10月時点で、２１０名の人にインタビューしています。打ち合わせから収録まで1時間くらいかけて、いろいろなお話をうかがいます。私は、その人に興味をもって話をおうかがいするので、インタビューされる人もご自身のビジネスや、事業に対する想いを真摯に語ってくれます。さまざまな質問により、今まで話したことのなかった言葉も出てきます。何となく考えていたことが質問によって考えが整理されたとおっしゃってくださる人もいます。

深く掘り下げてインタビューさせていただき、濃密な時間を過ごすことによって、たった1時間ですが、それぞれ印象深いお話をしていただけます。そのため、インタビューが終わってからもご連絡をいただき、その後もおつき合いが続くことが多いです。この書籍を出版するにあたって、出演者からのご協力も多数いただきました。

また、通常はお会いするのが難しいような人でも、メディアをもっていることによって、インタビューにお答えいただける可能性は高くなります。たとえば、出版直後で告知をしたいとか、情報発信の場を求めているとか、タイミングさえ合えばご出演の可能性があります。メディアをもっているからこそ、お会いできた人も多数いらっしゃいます。

他のポッドキャスト番組でも、インタビュー番組がありますが、かなり著名な人にも出演いただけたとおっしゃっていました。

しかも、音声メディアは映像として映らないため、動画のインタビューと比較して受け入れてもらいやすいと感じています。映像であれば、どんな背景か、どのような衣装なのか、気をつけるポイントが多くありますが、音声のみなので、静かな場所をセッティングすれば受け入れてもらいやすいです。

このように、メディアをもっていることにより、人脈が広がり、信頼関係を築くこともできるのです。

既存顧客のフォローをする

音声メディアは、既存顧客のフォローにも活用できます。すでに会員を多く抱えているコミュニティでは、会員全員に対して一斉に思いを伝えるのが困難です。メールでは意図が伝わりづらかったり、動画ではなかなか時間を確保できなかったりする場合があります。しかし、音声メディアは隙間時間を活用して聴くことができるので、一斉に想いを伝達する手段としては適しています。

また、社員の多い企業でも活用できます。社員が100名を超えてくると、経営者が直接、担当者と話す機会がなかなかもてなくなってきます。経営者の想いを直に伝える手段として、音声メディアは優れています。そして、メルマガやブログなど、長文があまり読まれなくなっている傾向もあります。Twitter やLINEなど、短い文章が好まれる傾向にあるのも要因の一つといえるでしょう。

音声メディアは発信する側としても気軽な一方で、聴く側としても気軽なメディアだと考えています。他のことをやりながら聴くことができます。発信者の感情やニュアンスも伝わりやすいです。そのため、大勢の人に一斉に伝える場合、音声は伝わりやすいです。そして、親近感も得やすく、いつも気にかけてもらっていると身近に感じていただけます。そのため、久しぶりに会ったとしても、相手の人はいつも声を聴いているので、それほど久しぶりという感じにはなりません。

顧問先の多い士業の先生たちも、毎回、顧問先にお声掛けするのが難しかったとしても、音声で情報を定期的に届けることによって、顧客との関係性をより深めることが可能になります。また、会員を多く集めているコミュニティも同じ効果があります。文章で発信するのもよいですが、音声で送ってみてはいかがでしょう。隙間時間に聴ける音声メディアがよいという会員の人たちもきっといると思います。

私の場合は、3倍速で聴くので時間短縮にもなっています。声を聴けば、どのようなニュアンスで伝えているのかもわかります。そして、映像がないため、イメージがふくらみ、より刺激を受けることができます。

ぜひ、音声メディア発信の目的をしっかりもって、発信してみてください。

その2　キャラクターを決める！

配信の目的が決まったら、あなたのキャラクターを決めます。人気番組では、主張のはっきりとした、パーソナリティーが存在します。あなたはどんな専門家で、どのように伝えたいでしょうか。

図のように、キャラクター設定マトリックスとして2軸に分けて考えるとわかりやすいでしょう。

リスナーが番組を聴く目的としては、「ためになる」、もしくは「楽しい」のどちらかです。このリスナーの目的軸を縦に取ります。

そして、どのような人から話を聴きたいか、人物軸を横に取ります。鋭く切れ味のよい「厳しさ」か、ほっこり安心できる「優しさ」に分けられます。

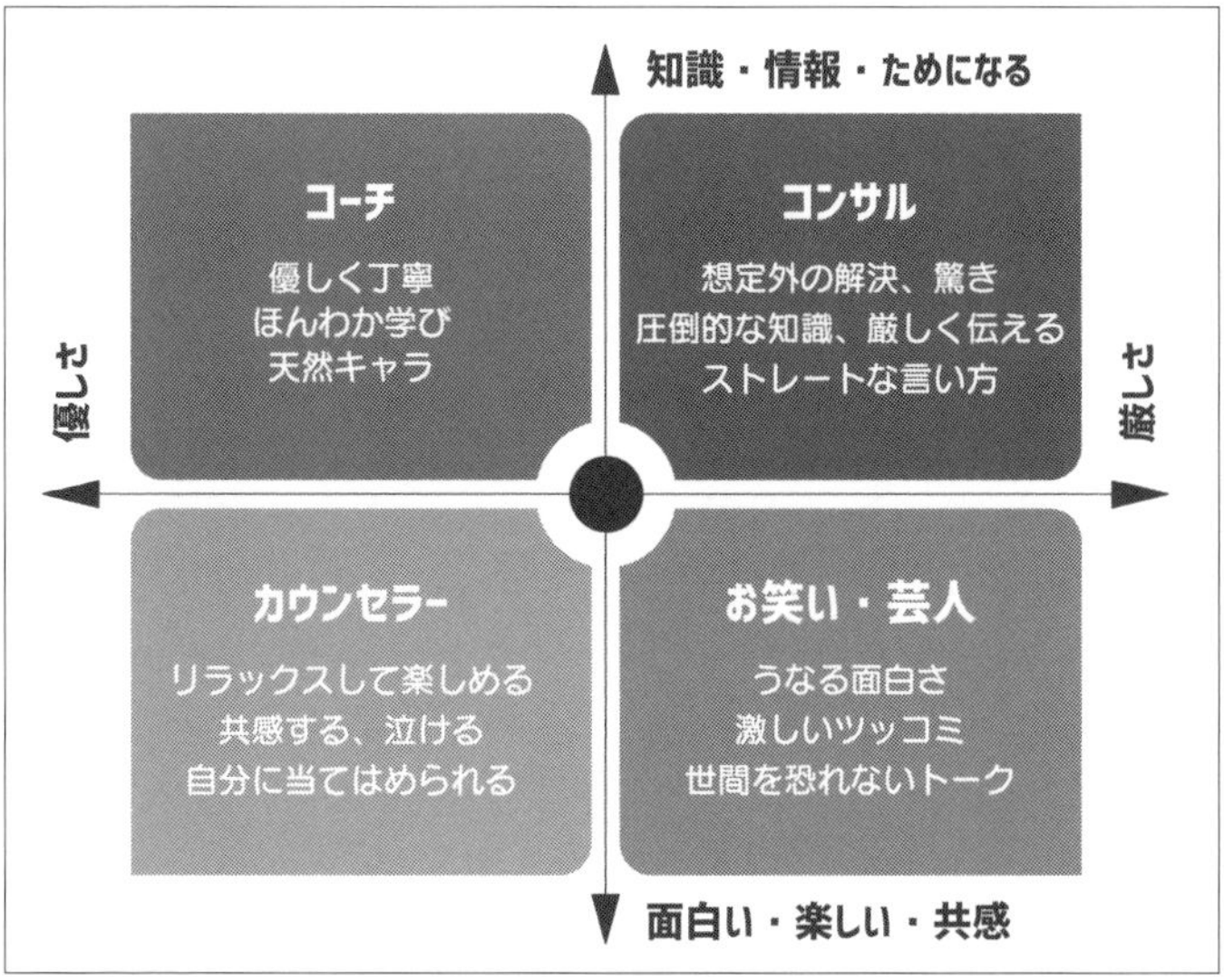

コンサル型番組

コンサルタントなどの知識が豊富で頭の良さそうな雰囲気の人が伝えているコンサル型番組は、ポッドキャストでは人気があります。隙間時間に新しい知識を得たいというニーズにもマッチします。圧倒的な情報量で厳しく教えてくれる英語の番組もこのタイプにあてはまります。

想定外の解決アイディアで新しい知識が得られた驚きから、圧倒的な知識、そしてどちらかといえば厳しくストレートに伝え、歯に衣着せぬ物言いが人気になることが多いようです。「ダメなものはダメ」と、はっきり伝える尖ったキャラクターが好まれます。

コーチング型番組

ためになる知識系の番組でも、優しく教えてくれるのが、コーチング型番組となります。許容してくれる、温かく包み込んでくれる安心感があり、自分でもできるかなと思えるようになります。さまざまなテクニックや情報が満載な話し方のコーチや、優しく教えてくれる語学学習の番組にも向いていています。

コーチングを学んでいる人もこのタイプをめざすとよいでしょう。

カウンセラー型番組

面白いトークと共感できる実体験などをテーマにしながら、自然な雰囲気でお話しするのがカウンセラー型番組です。自分のことをよく理解してくれる、そんなカウンセラーは共感性も強く、感情が同調して感動すら覚えることもあると思います。「思わずいっしょに泣いてしまいました」という感想が送られてくることもあります。

心に訴えかけ、優しく包み込むようなお話ができる人は、このタイプをめざすとよいでしょう。

お笑い芸人型番組

面白くて共感でき、楽しい番組はついつい聴きたくなります。この面白さを計算して、伝えているのはお笑い芸人でしょう。洗練された笑いで皆さんが楽しめる番組です。ラジオのパーソナリティーにも多く起用されていて、ポッドキャストでも人気番組が多くあります。

ネタを披露するような感覚で、毎回の発信に仕掛けを組み入れながら、多くの人を楽しませる番組を作りたいと思ったら、このタイプをめざすとよいでしょう。

長期にわたり聴いてもらえる番組にすることをめざし、あなた自身のキャラクターを考えて、番組作りをしてみてください。でも、無理して配信するのは大変です。自分が自然と出せるキャラクターで、かつ、特徴のある番組にできるポジションを探して発信するとよいでしょう。

その3　伝えることを決める！

次に、どんなことを発信するか、あなたの経験や強みから、伝えたい内容を整理します。

自分の強みを洗い出してみる

あなたは今のビジネスをどのような想いでやっているのでしょうか。あなたの経歴や経験を話してみるのもよいでしょう。自己開示していくほうがより親近感をもってもらいやすいと思います。とくに、過去の失敗談を話すと、より親近感を抱いてもらえます。自分も同じ経験があるな、とか、この人もこんな経験をしているんだな、とか、身近な存在として伝わりやすくなります。そして、どんな実績があるのか、実例を出しながらお話しするのもよいでしょう。また、セミナーや講座を行なっている人は、その内容の一部を伝えるのも、リスナーにとってとても参考になるはずです。

伝えたいことを書き出す

あなたの理念やあなたの伝えたい世界観、仕事に対する姿勢なども意識するとよいでしょう。どのような理念をもっている人なのか、どんな世界観をもっているのかなど、その人のあり方を問われるものです。その部分で共感してもらえると、より信頼関係も深まります。

強みを踏まえて、伝えたいことを書き出していきます。今までどんな経験をして、どんな知識が役に立ったのか。今までのお客様に喜ばれたことは何か。あなたの経験を元に、伝えられることを整理してみてください。

ペルソナを意識した内容を考える

ペルソナを意識して、どんな内容を必要としているか、深掘りしてみましょう。ペルソナがどのような生活をしていて、どんなシーンで聴いているかを想像しましょう。そして、そんなときに必要としている情報は何でしょうか。ノウハウを必要としているのか、優しい言葉をかけてもらいたいのか、共感してもらいたいのか。ペルソナの気持ちになって、発信する内容を考えてみましょう。

あまり一般的すぎて、誰にでもあてはまる広い内容だと、かえって届きにくくなります。できるだけターゲットを絞って伝えることが大切です。１万人に１人が知りたい情報でも、日本では１万人を超える人が対象になります。限定的な情報で構いません。ペルソナにはとても重要な情報であることが大切です。

伝え方を整理する

では、具体的にはどのように伝えるとよいでしょうか。短い時間にわかりやすく伝えるために、話の構成にも工夫してみてください。

1 全体像を話す
2 結論
3 理由
4 結論の繰り返し

これが基本の構成です。

まず、話の全体像を伝えます。全体像がわかると、話の展開が想像できるので、頭に入ってきやすくなります。そして、くり返し伝えることも大切です。人は聴いているようで、意外と聴いていないものです。たとえば、セミナーのお知らせを何度も告知しているように思っていても、知らなかったという人が意外と多いのです。

意識していないと、情報は入ってきません。重要なことはくり返し伝えるくらいでちょうどよいのです。

そして、できるだけわかりやすい言葉で伝えるようにしましょう。専門用語や難しい言葉を使うと、そこで思考が止まってしまいます。もし使うとすれば、わかりやすい言葉で説明したり、その言葉の意味を解説したり、理解してもらうことを心がけてください。せっかく良いことを伝えても、言葉の意味で詰まって理解してもらえなければもったいないです。

人を落とすような言い方はやめましょう。不愉快にさせるような発信は気持ち良いものではありません。できるだけ、相手を本当に幸せにする言葉を使い、面白く楽しくポジティブな発信を心がけましょう。幸せのタネを伝えるという意識をもっているとよいと思います。その話を聴いたとき、リスナーは時間やお金を費やす価値があるかを感覚的に、そして瞬間的に見極めています。言語外情報（ノンバーバルコミュニケーション）はとても大切です。どのような雰囲気で伝えているか、どんな感情で伝えているかは、思った以上に伝わります。

情報はとても大切です。「知っている」「知らない」という、ちょっとした情報の違いだけで、人生は大きく変わります。

私はポッドキャストで発信して、人生を変えて欲しいと思っています。価値観を感じて、共感してもらった人がファンとなり、この番組をブランドとして認識してもらえます。これからの時代はどのような想いで発信するかが、とても重要になります。想いの部分はごまかしきれないし、隠せないものです。自分の中でしっかりとした想いをもって発信すれば伝わります。

ぜひ、あなたの想いを伝えてください。

その4　トークの形式を決める！

ポッドキャストの番組は数多くの種類があります。

数多くの番組を聴いてみて、4タイプに分類できるか、もしくはそれらの組み合わせであることがわかりました。

その4タイプはこちらです。

1　ノウハウ型
2　対談型
3　Q＆A型
4　ニュース型

配信するにあたっては、それぞれのタイプにメリットとデメリットがあります。

順番に解説していきます。

ノウハウ型

自身の専門性を伝えるには、一番わかりやすいタイプです。書籍の目次のように、テーマを次々と出して独自の考えを展開すれば、専門性を伝えることができ、その内容に共感を得られれば多くの人に注目してもらえます。

ただし、毎回テーマを出していかなければいけないので、かなりの量のコンテンツが必要となります。だんだんとネタが尽きてくるので、他のタイプと組み合わせながら発信するとよいでしょう。こちらの番組が参考になります。

「ポッドキャストの配信で人生が変わる」
「姿勢が変わると、人生が変わる」

対談型

ゲストを呼んで対談することで、コンテンツを作るタイプです。番組としての大きなテーマを設定し、そのテーマに沿ってインタビューすると、テーマに興味のあるリスナーに聴いてもらえます。

テーマはご自身の専門性に合わせたり、伝えたいことを設定したりするのがよいです。ゲストが変わることにより、新しいコンテンツが作れるので、ネタ切れの心配はありません。ただ、ゲストの調整が大変です。番組の趣旨に沿った人を常に探し続ける必要があります。また、ゲストの話がメインになってしまうため、配信者の存在が薄くなりがちです。それを補うために、対談の前後に解説を加えると独自性が出てきます。

配信者の視点でどのように聴いてもらいたいか、どのようなところに注目してもらいたいか、あらかじめリスナーに伝えることで配信者の番組になっていきます。こちらの番組が参考になります。

「言魂インタビュー」

「経営者の志」

Q&A型

リスナーから質問を受け付け、それに答えるタイプです。最初のうちは質問がなかなかこないので、今までよく聞かれる質問を参考にして、コンテンツを作っていきましょう。継続的に質問がくるまでは、自分で準備する必要があります。質問がくるようになれば、専門性を活かして答えるだけになっていきます。

さらに、コンサルタントにとっては、リスナーにサービスの疑似体験をしてもらえる場になります。コンサルタントの先生に突然、依頼することは難しいですが、ポッドキャストでお話を聴いていれば、どのような人かわかるので、ハードルがかなり下がり、申し込みしやすくなります。そのため、リスナーにとって役に立つ回答をすればするほど信頼性が上がり、リスナーからクライアントになりやすいのです。こちらの番組が参考になります。

「40代で自信がないままママになった話」
「『話し方』のハナシ」

ニュース型

ニュースを題材にして、そのニュースを紹介したり、ニュースについて解説したりする番組です。取り上げるニュースのジャンルを決め、独自の解説を加えることにより、その番組らしさが出てきます。ある程度の専門性がなければ、リスナーを納得させられませんので、解説するためのしっかりとした意見をもっておく必要があります。日々のさまざまなニュースから選べばよいので、ネタに困ることはないでしょう。こちらの番組が参考になります。

「伊藤洋一のRound Up World Now!」

特定のタイプで続ける必要はありません。いろいろなタイプを組み合わせながら発信することにより、番組の幅が広がります。

その5　構成要素を決める！

最後に、番組の構成要素を整理していきましょう。どのように構成するかによって、聴きやすさがまったく変わってきます。リスナーを想定した構成を選んでみてください。

1エピソード1テーマで

まず、大切なのは、1エピソード1テーマに絞ることです。いくつも話したいことがあるかもしれませんが、1つのエピソードでたくさんの要素を盛り込んだとしても、リスナーの理解がなかなか追いつかない場合があります。

大切なことは何度でも繰り返すつもりで、１つのエピソードで盛り込む内容を絞って伝えましょう。そうすることで、何を伝えたいのか、何が大切なことなのか、より明確になります。ポッドキャストは、繰り返し、後から聴くことが可能なので、番組全体としていろいろな内容を伝えられるとよいでしょう。

ＢＧＭなど音の部分について

音声メディアにおいて、ＢＧＭも重要な構成要素の一つです。音楽を聴いた瞬間にどの番組なのかイメージしてもらえるようになれば、かなりのファンといえるでしょう。ＢＧＭを利用する場合、注意する点があります。著作権です。使用するＢＧＭの著作権を確認して、ポッドキャストのＢＧＭとして活用できるか調べておきましょう。私がよく使用しているＢＧＭはこちらのサイトから購入しています。２万８０００曲以上のオリジナル曲・効果音がすべて著作権ロイヤリティフリーです。

「NASH music library」
https://www.nash.jp/fum/

配信時間

ポッドキャストの番組時間は長いほうがいいのか、短いほうがいいのか、なかなか悩みどころですね。ポッドキャストは無料なので、リスナーは気軽に聴きます。そして、聴いている場所は、電車での通勤時間・車での移動時間・家事をしながらの隙間時間という声をよく聞きます。つまり、多くの人は隙間時間を活用して聴いているようです。そうなると、ガッツリと長い時間はかけられません。語りすぎると、だんだんと聴いてもらえなくなります。参考として、おすすめしている時間はこちらです。

一人で話をする場合：5〜10分
複数人で話をする場合：10〜15分

もちろん、番組によって長くなったり短くしたりと特徴をつけてもよいでしょう。ただ、あまり長すぎるとリスナーの負担になり、継続して聴いてもらえないかもしれません。長くても聴いてもらうためには、課題解決の役に立つ、知識として参考になる、ものすごく面白いなど、時間をかけてでも聴きたくなるような内容が大切です。

長く配信するよりは、配信頻度を上げるほうをおすすめします。

コーナー作成について

少し長めにいろいろ話をしたいということであれば、コーナーを作って変化をつけるのもよいでしょう。私の番組「ポッドキャストの配信で人生が変わる」は、メインの話題とオススメポッドキャストを分けています。メインの話題ではBGMなし、オススメポッドキャストのコーナーではBGMをつけて雰囲気を変えています。

「本田健の人生相談～Dear Ken～」も、複数のコーナーに分かれています。伝えたいことがいくつもある場合は、コーナーごとに1テーマでお話をすると、テンポよく聴きやすくなります。

配信頻度や曜日や時間

配信頻度が多ければ多いほど、ランキングに上る可能性も高く、おすすめ番組としても紹介されやすい傾向にあります。とはいっても、なかなか毎日配信するのは大変だと思います。これまで、私はいくつも番組を制作してきました。隔週で配信している番組も制作したことがあります。内容は良かったのですが、そのアクセス数はあまり伸びませんでした。やはり、週1

回は配信したほうがよさそうです。

そして、曜日や時間帯によってアクセス数が増減するか実験してみましたが、目立った特徴は見られませんでした。おそらく、ポッドキャストはいつでも聴けるという特徴があるためか、時間に縛られることなく聴いてもらえるからだと思います。配信日のアクセスがピークとなり、なだらかに下がっていきますが、過去の配信もそれなりに再生されています。おそらく、まとめて聴いていただくこともあるようで、良かった番組を見つけると、連続して過去の配信も聴いていただけるようです。アーカイブとして残しておくメリットは十分にあります。

話し手の人数について

番組によって、1人で語るのか、インタビュアーに質問してもらうのか、複数人での対談にするのか、話し手の人数によっても番組の雰囲気は変わります。話し手の人数による違いを考えてみましょう。

まず、1人で語る場合は、いつでも気軽に収録して配信ができます。そして、自分だけの考えで話を進められるので、予定どおりの展開も可能です。ただし、話が続かなかったり、幅が広がらなかったりと、1人ならではの苦労もあります。私自身は1人で語るのが苦手です。そのため、原稿を用意して、録音することになり、かなりの労力になっています。マイクの向こう側のリスナーに対して、語るように話しかけるのがポイントです。

次に、２人で話をする場合ですが、継続するためには日程を合わせる必要があります。オンラインでの録音も可能ですが、音質やタイムラグの関係から、可能であれば同じ場所にいて録音したほうがスムーズです。

そして、インタビュアーに質問いただける場合は、話の中心が配信者になります。質問してもらえると話が広がりやすく、リスナー視点での質問がいただけると、よりわかりやすい内容になります。対話することで出てくるアイデアや思考の整理もできます。あらかじめ伝えたい内容を打ち合わせして、話の結論を決めておくとよいでしょう。そうすることにより、伝えたいことも明確になります。

配信者がホストとなり、ゲスト相手に対談する場合は、テーマに沿ってストーリーを考え、質問を考えながら進める必要があります。どのポイントを拾い、どのように投げかけ、どのような結論としてリスナーに提供するか、道筋を考える必要があります。とはいっても、対話を楽しみながら収録することは大切です。展開が読みにくい部分もありますが、新たな発見も生まれやすいので、一人では伝えられない情報が生み出されます。リスナーにも話がわかるように、あえて基本的なことも質問してみるのもよいでしょう。

音声メディアの特徴を理解して、あなたも発信してみましょう。

column

ポッドキャストの配信方法

ポッドキャストを配信する方法はいくつかあります。Seesaaブログ・anchor・himalaya・wordpressなどがあります。Apple や Googel・Spotify・Amazonなどのポッドキャストを配信しているプラットフォーム側ではデータを持っていません。データは配信者側で用意する必要があり、プラットフォームではRSSといわれる更新情報を保有して、更新があったことだけを各端末に通知します。そのため、一度の配信で、複数箇所への同時配信が可能となります。

また、ポッドキャストだけではなく、さまざまな音声プラットフォームがあります。例えば、Stand.fm・Voicy・Spoon・Radiotolk・noteなどがあり、それぞれ特徴があります。ぜひ、いろいろな音声配信に挑戦してみてください。

第5章
多くの人に聴いてもらうために取り組むこと

せっかく番組を作成するのだから、できるだけ多くの人に聴いてもらいたいですよね。この章では、より多くの人に聴いてもらうためのヒントをお伝えいたします。

その1 Apple Podcastの特徴を理解する!

ポッドキャストのリスナー数が一番多いのがApple Podcastです。リスナー数を増やすうえでも、その特徴を理解することはとても大切です。

番組のカテゴリー

ポッドキャストを配信する際には、番組のカテゴリーを選びます。こちらのページにAppleで設定できるカテゴリー一覧が掲載されています。

https://podcasts.apple.com/jp/genre/podcast/id26?mt=2

19のメインカテゴリーと、91のサブカテゴリーに分かれています(2020年9月現在)。

iPhoneのアプリ内では、「見つける」の中から「カテゴリー」を選択できます。「すべて表示」からすべてのカテゴリーを閲覧できます。カテゴリーを選ぶと、「トップ番組」「新番組」と、「サブカテゴリー」と「メニュー」があり、それぞれのおすすめ番組が紹介されています。「トップ番組」は20作品、「新番組」と「サブカテゴリー」はそれぞれ60作品が紹介されています。まずは、ここに掲載されるよう頑張ってみましょう。

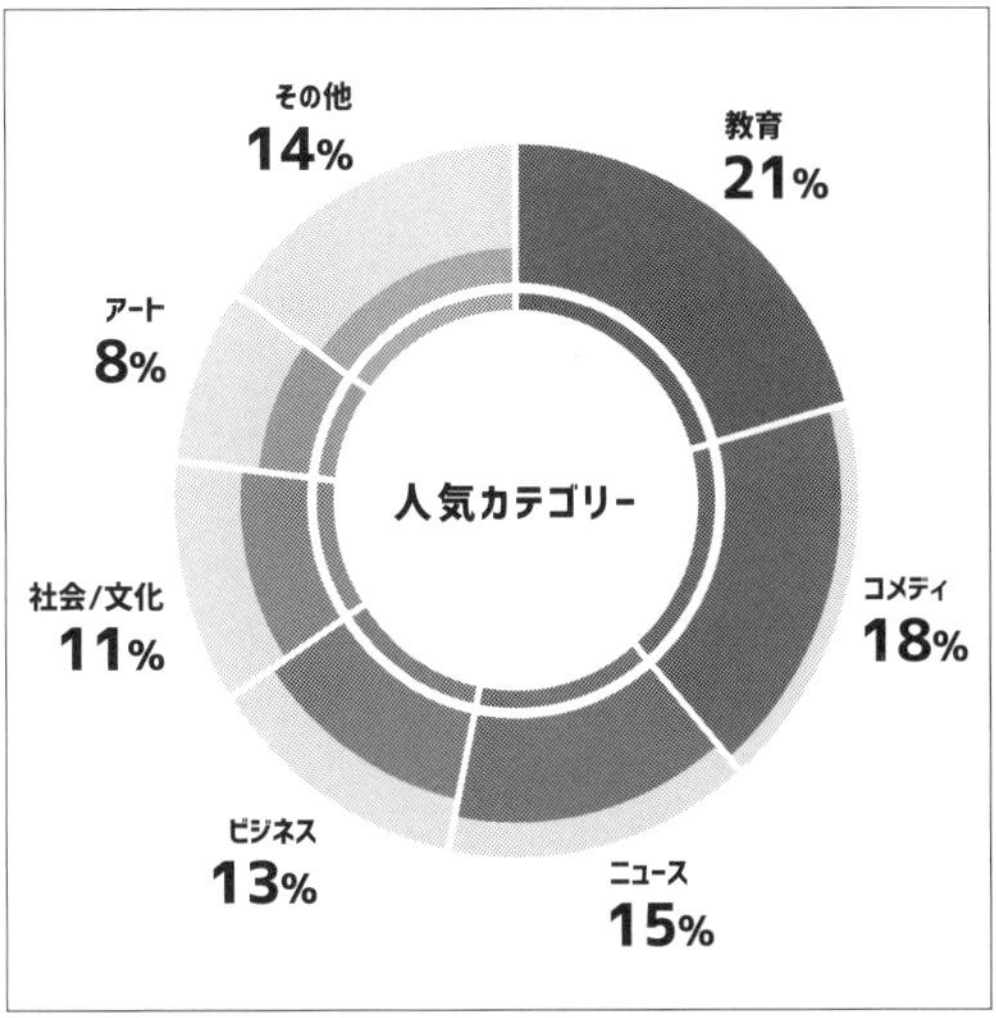

カテゴリーは3つ設定することができます。3つのカテゴリーを設定する場合は、メインカテゴリーを別にするとよいでしょう。2つめ、3つめに設定したカテゴリーはサブカテゴリーでは紹介されませんが、「新番組」としては複数のメインカテゴリーで紹介される可能性があります。そのため、主カテゴリーは分けて登録しておくほうがおトクです。

2020年9月時点でApple Podcastのトップ

200のメインカテゴリーを調査しました。教育カテゴリーがトップで21％あります。これは、言語学習の番組が数多く入っているためです。耳から学ぶといえば、語学学習のために活用している人が多いことがわかります。次にコメディカテゴリーが18％でした。芸能人のラジオ番組が多く入っていています。3番めがニュースカテゴリーの15％です。こちらもラジオ番組が多く入っていますが、英語のニュース番組も人気です。そして4番めが、ビジネスカテゴリーの13％です。キャリアアップや投資情報などが入っています。

このように、学習の教材や知識を得るために聴いている人が比較的多いことがわかります。このデータも参考にしながら、番組の内容を検討してみてください。カテゴリーの上位をめざすために競合が少ないカテゴリーを狙うのもよいですが、あまりにも内容とかけ離れていると、そもそも選んでもらえない可能性もあります。ジャンルにこだわりすぎることなく、伝えたい内容と関連するカテゴリーを選びましょう。

カテゴリーのおすすめ作品に掲載されるためには、ランキングをできるだけ上げることも大切です。ランキングの仕組みのところで、ランキングを上げるコツも掲載しますので、参考にしてみてください。

ランキングの仕組み

Apple Podcastにはランキングの機能があります。ランキングには２種類あります。「番組」と「エピソード」です。全体のランキングも掲載されていますが、メインのカテゴリー内でのランキングも表示されています。それぞれのランキングの仕組みは公表されていないため、経験則でお伝えします。ランキングのルールは下記のようになっていると推測しています。

〈番組のランキング〉

「登録」（iPhoneのアプリ）や「サブスクリプションに登録する」（Apple Podcast）を押して、ライブラリに登録された数によって決まると思われます。スタート直後の番組もランクインすることから、単なる登録数の多さではないことがわかっています。おそらく、新規に登録された数の影響が大きいと考えられます。また、瞬間的には上がりますが、下がるときには徐々に下がるので、直近1週間の新規登録数ではないかと考えています。ぜひ、番組のランキングを上げるために、スタート直後にがんばって知り合いに登録してもらってみてください。50名の登録があれば、カテゴリーのランキングの20位くらいはめざせます。スタート直後がチャンスです。

〈エピソードのランキング〉

こちらは、再生数をカウントしていると考えられます。そのため、リスナー数の多い人気番組が上位を独占している様子をよく見かけます。エピソードランキングに表示されるようになれば、相当な再生数になっていると思って間違いないです。

新番組への掲載

Apple Podcastにはカテゴリーごとにある「新番組」として紹介されるエリアがあります。こちらも掲載のルールは明確になっていませんが、今までの経験から一定のパターンが見受けられます。掲載されるのは主に番組開始から3カ月以内。まれに3カ月を経過している番組も掲載されていますが、ほとんどが3カ月以内の番組です。できるだけ最初の3カ月を頑張って、アクセスを伸ばしましょう。また、リスナー数が急増した場合も掲載されやすくなるようです。できるだけ、最初にリスナー数を増やして、掲載機会を有効に活用することが、多くの人に知ってもらえるチャンスとなります。

最初のエピソードはよく聴かれる

実は、ポッドキャストでは第1回に配信した最初のエピソードの再生数がとても多いという傾向にあります。その理由として、チャンネルごとに連続再生されやすく、配信日順に時系列で掲載されているため、お気に入りの番組が見つかると、最初から聴くためだと考えています。そのため、最初のエピソードは新しいリスナーも聴いていただけることを考慮して、番組の趣旨や、誰に対して、どんなことを伝えたいのかをきちんと伝えるのもよいです。プロフィール紹介や自己紹介など、あなた自身のことや番組に対する想いも語ってみてはいかがでしょうか。想いや趣旨を理解いただいたうえで聴いていただくことにより、より理解してもらえる番組になります。

エピソードごとの説明を記載する

ポッドキャストには、説明の文章を記載することが可能です。番組全体の説明を記載するところもありますが、エピソードごとに説明を記載することが可能です。実は、エピソードごとの説明文のほうが簡単に見られるので、エピソード説明にしっかりと記載することが大切です。たとえば、あなたのホームページやFacebookのURL、問い合わせ先のメールアドレスやプッシュ型メディアであるLINE公式アカウントのURLなどを記載することが可能です。ぜひ、つなげたいプッシュ型メディアや、フロントエンドの案内ページのURLなど、目的を絞って、わかりやすく記載してみてください。

単に記載しているだけでは気づかない場合もあるので、番組内で説明文にURLを記載していることを伝えてみましょう。

その2　インターネットを使った拡散の仕組みを理解する！

聴き方をわかりやすく伝えられる説明ページを作る

ポッドキャストはまだまだ知られていないツールです。そのため、どうやって聴けばいいのかわからない人が多いのが現状です。できれば、初心者の人にもわかりやすく、どのようにアプリをインストールして、起動して、見つけて、登録すればよいのか、図を付けて説明するとよいでしょう。可能なら、「登録」までやってもらえるのがベストです。Apple Podcast の特徴のところでも説明しましたが、「登録」いただくことで、おすすめ番組や新番組として紹介されやすくなり、ランキングに掲載されやすくなります。ぜひ、「登録」までの手順をわかりやすく説明しておきましょう。

iPhone には Podcast アプリが標準インストールされているので、消さない限りアプリはあるはずです。リンクを共有すれば、クリックするだけでアプリが開いて再生できます。

Androidでは、Google Podcastがおすすめです。ただし、頻繁にバージョンアップもされているので、若干、使い方が変わることもあります。Google Podcastは配信するための登録申請が不要なところも特徴の一つです。Googleが配信サーバを見つけることができれば、Google検索の結果にポッドキャストのエピソードが掲載される場合があります。そして、そのままブラウザ上で再生も可能です。つまり、SEOの対策としてもポッドキャストは有効になってきました。

Androidには Google Podcast以外にもさまざまなポッドキャストアプリがあります。使いやすいアプリを見つけておすすめするのもよいです。Castboxというアプリを使ったことがありますが、エピソードごとのURLもシェアすることができ、説明文に掲載した写真も閲覧することができるのでおすすめです。

音楽アプリのSpotifyでも聴くことができます。ただし、Spotifyで聴けるようにするには、登録申請が必要です。ぜひ、あなたの番組も登録して、Spotifyから聴けるようにしてみてください。よく音楽を楽しむ人には馴染みのあるアプリなので、リスナーが増える可能性があります。

Amazon musicでもポッドキャストを聴くことができます。Amazon musicで聴けるようにするには登録申請が必要です。そして、Amazonにはアレクサが入っていますので、アレクサに番組名を伝えて再生することも可能です。たとえば、「アレクサ、経営者の志を再生して」と話しかけると再生してくれます。

参考までに、弊社の説明ページを掲載しておきます。

iPhoneでの聴き方：https://koelab.co.jp/iphone
Androidでの聴き方：https://koelab.co.jp/android
パソコンでの聴き方：https://koelab.co.jp/pc

シェアしたくなる情報

多くの人に聴いてもらうためには、どのような内容を話すのかも大切です。思わずシェアしたくなるような面白い話、役に立つ話がよいでしょう。たとえば、エピソードのタイトルを工夫して、「なんだろう?」とか「えっ!」と注目を集め、まずは聴いてもらうきっかけをつくります。そして、エピソードを聴いて、「なるほど」と納得してもらうと満足度も信頼も高まります。ペルソナにとって、どんな情報を必要としているのか、どんなことを伝えると喜んでもらえるのかを考えてみてください。その情報は最新なものでなくても、ペルソナにとって必要なものであればよいのです。誰も知らない新発見でなくても、ペルソナの一歩先を行くあなただからこそ、伝えられる情報もあるはずです。

紹介によりリスナーを増やす

インターネット上で影響力のあるインフルエンサーの人に出演いただいて、その人のメディアを使って拡散してもらうことも大変、有効です。ゲスト出演していただく人にメリットになる話をしてもらえれば、ご本人は番組に出演したことをアピールしたくなるでしょうし、多くの人に聴いてもらいたくなるものです。そうすれば、出演したインフルエンサーをフォローしている人にも知ってもらえる機会になり、あなたの認知度が高まります。

そして、ポッドキャスト番組をもっている人に出演していただくのもいいですし、その人の番組に出演するのもいいですね。ポッドキャストを聴いているリスナーは、面白い番組があれば、もう一つ番組を聴き始めることはそれほど苦になりません。そのため、ポッドキャストをまったく知らない人に聴いてもらうより、すでにポッドキャストに馴染みのある人に番組を知ってもらうほうが、実は新規リスナーを獲得しやすいのです。ぜひ、ポッドキャストの仲間と相互出演してみてください。

こえラボでは、ポッドキャストの配信者（ポッドキャスター）が集まる交流会を開催しています。ポッドキャストに関する情報交換もやっていますので、もし興味がありましたら、参加してみてください。番組をもっていない人でも参加可能です。ポッドキャストに少しでも興味をもっていただけたなら、ぜひご参加ください。お待ちしています。

https://koelab.co.jp/podcaster-community
毎月第３水曜日16：00〜18：00に開催しています。

ＳＮＳでの拡散

ポッドキャストもインターネットのメディアなので、他のインターネットのメディアとはとても相性がよいです。最近は、多くの人がスマートフォンからアクセスしていますが、スマートフォンではリンクをクリックするだけで、他のアプリを開いたり、ＷＥＢサイトを閲覧したりすることが可能です。

フロー型メディアで知ってもらったら、そこからポッドキャストのＵＲＬを掲載して、声を聴いてもらうことで、さらに親近感をもっていただけます。たとえば、twitter や Facebook で話のトピックスや一緒に出演いただいた人との写真を掲載して興味をもってもらいます。ポッドキャストを聴いてもらうことが目的なので、興味をもってもらえそうな部分をピックアップして伝えるだけで大丈夫です。YouTube で配信してもよいです。YouTube は音声のみの配信はできませんので、話に合うような画像をつけて音声メインで配信し、説明文にポッドキャストのＵＲＬを記載しておきましょう。

また、ポッドキャストのシェア方法は２つあります。１つめは、番組ごとに決まっているＵＲＬをシェアすることです。リンクをクリックすればApple Podcastやi Phone の Podcastアプリで開くことができます。

番組申請して許可された際に送られてくるＵＲＬでかまいませんが、実は、日本語がそのままＵＲＬに掲載されているため、とても長いものになってしまいます。たとえば、私の番組「経営者の志」は左記のようになっています。

https://podcasts.apple.com/jp/podcast/%E7%B5%8C%E5%96%B6%E8%80%85%E3%81%AE%E5%BF%97/id1340748166

podcast のあとから id の前までが番組名の「経営者の志」を表わしています。実は、この文字は削除しても番組にアクセスすることは可能なのです。

https://podcasts.apple.com/jp/podcast/id1340748166

こちらのアドレスでアクセスが可能になります。URLを掲載してシェアする際には、このようなちょっとした工夫ができますので、参考にしてみてください。

2つめは、エピソードごとのURLです。iTunesであれば、エピソードリストの一番右にある「入手」のボタンの「Twitterで共有」「Facebookで共有」「リンクをコピー」からシェアすることが可能です。

こちらのURLにはエピソードタイトルが入っているため、とても長くなりますが、番組のURLを短縮した方法と同じようにすれば、短くすることが可能です。ぜひ、フロー型メディアで拡散して、認知を高めてみてください。

その3　人とのつながりで拡散する方法を理解する！

やはり、個別にお願いすることも大切です。では、どのように依頼すると聴いてもらいやすいかご紹介いたします。

個別にメッセージを送る

直接、依頼することが何よりも効果的です。ぜひ、知り合いに番組を開始した挨拶を兼ねて、チャンネル登録してもらってください。

ランキングのところにも掲載しましたが、できるだけ集中的に登録を増やしたほうがおすすめ番組に掲載されたり、ランキングに上がったりしやすいので、多くの人に伝えて登録してもらってください。そのときは、どんな番組で、どんなメリットがある番組なのかをしっかり伝えましょう。わざわざ時間をさいて聴いていただくので、聴くメリットを伝えましょう。メリットがあれば、喜んで聴いていただけます。そして、その内容が良かったら、シェアしてもらえる可能性もあります。シェアの文章もいっしょにお送りすると、貼り付けるだけであればシェアしてもらえるかもしれません。相手の負担をなるべく減らして、依頼してみてください。

リアルの場での拡散（名刺、チラシ）

実際にお会いした場でのご案内も大切です。私は名刺の裏にポッドキャストのＱＲコードを掲載しています。興味をもっていただいた人はその場で登録してくださることもあります。スマートフォンの操作に慣れていない人には丁寧に説明し、聴き方を教えてあげると親切です。音声だけなので、隙間時間に負担が少なく、聴いてもらいやすくなります。

そして、チラシも有効です。名刺よりも記載スペースを多く取れるので、可能であれば登録方法も図解してわかりやすく説明するのがよいでしょう。

このように、できる限りの工夫をして、なるべく多くの人に知ってもらう努力をして、拡散していきましょう。話さえ聴いてもらえれば、あなたの良さは伝わります。想いを込めて、番組を作って、広めていきましょう。

オンライン交流の場での拡散

最近では、オンラインでの交流の場も増えてきたのではないでしょうか。私自身もＺＯＯＭミーティングは頻繁に活用しています。ＺＯＯＭミーティングではバーチャル背景を設定できます。そのバーチャル背景にＱＲコードを掲載している人を見かけたことはありませんか。バーチャル背景にポッドキャストのＱＲコードを掲載して聴いていただくのも有効な方法です。自己紹介が短い場合には、続きをポッドキャストで聴いてもらうのも有効です。

その他の拡散方法

その他にも、工夫次第でさまざまな拡散方法があります。私は、メールアドレスのシグネチャー（メールの最後に記載している署名欄）にもポッドキャストのＵＲＬを記載しています。

また、メルマガやＬＩＮＥ公式アカウントなど自社で発信しているメディアには、他のメディアについても紹介しています。みなさん、それぞれ好みのメディアは違います。何をきっかけに知っていただけるかはわかりません。そのため、できるだけ知ってもらえる機会を増やすためにも、さまざまな場で、お得な情報を発信していることを伝えてみてください。

また、広告で認知度を上げることも有効です。Google のリスティング広告、Facebook 広告など、少額でも広告を出せます。エリアや年齢なども絞って広告を出せるので、工夫次第であなたにとってのペルソナに届きやすくなります。

ぜひ、いろいろな工夫をして多くの人に知ってもらい、想いを伝えましょう。

第6章 音声発信に不安がある場合の解決策

番組を開始したとしても、さまざまな不安はあるものです。不安の多くは「開始するまで」「継続できるか」「効果が出るか」の3つに分類できます。配信する人のお悩みをできるだけ解決できるように、実際に対応したことのある事例も含めて紹介していきます。

開始するまでの不安

そもそも、番組を開始できるのかという不安があると思います。どのあたりでつまずいてしまうのか、順番にご紹介いたします。

ポッドキャストの始め方がわからない

第4章のコラムでいくつかプラットフォームをご紹介いたしました。とはいっても、具体的にはどこをどのように設定すればよいのか、戸惑うことも多いと思います。まず、簡単に始めてみたいということであれば、Anchorというアプリがおすすめです。また、こえラボのWEBサイト「無料のPodcastオンライン講座」でSeeSaaブログを使った配信方法を解説しています。今後、ポッドキャストの設定から説明するグループ講座も予定しています。開始方法で困っている人は、お問い合わせいただければアドバイスいたします。

話ができるか不安

そもそも、マイクに向かって話をした経験がなければ、なかなか音声を録音して発信することと自体が大変だと感じるでしょう。ポイントとしては、あまり特別なことと考えず、お客様やビジネスパートナーに伝えるように、あなたの思いを会話してみてください。おそらく、あなたの専門について質問をしてもらえれば、伝えたいことは出てくるはずです。１人で語るより、誰かにインタビューしてもらうほうが最初はやりやすいものです。気楽にお話ができる相手を探して、その会話を録音するところから始めるとよいでしょう。

自分で収録できるか

機械音痴なので、自分で収録から配信までできるか心配になることもあると思います。音声コンテンツを作るだけであれば、映像よりは簡単に制作できます。一番手軽に始める方法としては、スマートフォンで録音できるAnchorというアプリでの配信です。ぜひ、試してみてください。

また、録音だけであれば、スマートフォンのボイスメモの機能を使うことにより、録音が可能です。ポイントとしては、手で持つより、スマートフォンに三脚を立てて、口と同じ高さに持ってきて録音することです。そうすることにより、より良い音質で録音が可能になります。

また、パソコンに外付けのＵＳＢマイクを接続するのもよいでしょう。内蔵マイクの場合は、どうしても音質が下がってしまいます。５０００円くらいのマイクでも十分音質を上げることが可能です。

継続に関する不安

ポッドキャストを開始できたとしても、忙しくて継続できるのか不安になる人も多いです。どうすれば定期的に配信ができるようになるか、そのコツもお伝えいたします。

配信を継続できるか

なかなか、配信を継続するのは大変だと思います。しかしながら、継続していくことはやはり大切です。私の場合、番組を開始して約2年経過したころから問い合わせが増え、今では週に1件程度、番組を開始したいという依頼がくるようになっています。今では、弊社はポッドキャストが情報発信の中心ですが、ＷＥＢサイトのアクセスも増加傾向にあります。情報発信を積み重ねて、その効果がだんだんと大きくなっています。

では、どのように工夫して、継続的に配信しているかご紹介いたします。私は、月１回の収録日を決めて、インタビュアーの人といっしょに収録しています。インタビュアーの人と約束しているため、自分一人で発信するより強制力があります。しっかりと収録日を守るために、ギリギリにはなりますが、ネタの準備もしています。そして、その収録を楽しめるようになるといいですね。月１回、パートナーとおしゃべりを楽しむという気楽な感じに考えてみてもよいでしょう。人柄を伝えるためにも、まずあなた自身が楽しんでください。そして、その後は、私の場合はスタッフに編集と配信を依頼しているので、自動的に毎週配信されるようになります。

このような仕組みを作り、楽しむことが、大きな負担にならず、継続できるコツです。

他のＳＮＳで手一杯

情報発信する手段をいくつももっていて、その更新でなかなかポッドキャストまで手が回らないという不安もあるでしょう。おそらく、それぞれのメディアで、まったく違った内容を考えて、それぞれで発信しているからだと思います。あなたのお客様は、あなたのメディアをすべて網羅しているわけではありません。そのため、twitter とメルマガとポッドキャストの内容が同じだったとしても、気にされないはずです。

たとえば、ポッドキャストで収録した内容を文字起こしして、メルマガやブログの記事にして、twitter や Facebook で拡散すれば、一つのネタで複数のメディアの記事にすることも可能です。ぜひ、このような工夫も取り入れて、無理のない発信に挑戦してみてください。

ネタが尽きてしまわないか

やはり、話のネタが尽きてしまって、それ以上、配信できないのではないかという心配は多く寄せられます。4章のその4でお伝えした、4つのタイプを参考に、コンテンツを考えてみるとよいでしょう。実際には、4つのタイプを順番に利用してみるとネタの幅が広がります。それぞれのタイプで、どのようにネタを作るのか紹介いたします。

〈ノウハウ型〉

今まで記載したことのあるブログや、メルマガの記事を参考にするのもよいでしょう。Twitter や Facebook で「いいね！」が多かったトピックスをもとに話を膨らませて話すのもいいですね。

書籍を出版したことがある、セミナーを開催したことがある、講座をもっているなどの実践経験や情報があれば、その内容を小さく分けてお話しするのもおすすめです。今までのコンテンツを参考にしながら発信してみてください。

〈対談型〉

ゲストが変われば、話の内容も当然、変わります。テーマとする軸をしっかりと決めて、その軸に沿ってお話しすれば、番組の趣旨に沿った内容となるでしょう。ただ、ゲストがメインになってしまいがちなので、前後にご自身の見解をお話しすることをおすすめします。また、1回だけではなく、複数回のエピソードを同時に収録しておけば、コンテンツの数を増やすことが可能です。1カ月ごとに相手を変えるマンスリー対談もよいでしょう。

〈Q&A型〉

今いるお客さんから、以前いただいた質問を思い出してみてください。よくある質問は、多くの人が知りたい内容です。その内容をいただいた質問として紹介しながら、番組を進めるのもよいでしょう。伝えたい本質は同じだったとしても、それぞれの事例が異なることによって、受け取り方や共感のされ方は違ってきます。いろいろなシチュエーションで紹介することにより、より伝わりやすくなります。

お答えする側からだと、「これも同じ内容かな」と感じるかもしれませんが、受け手は「質問内容が違うと実は回答も違うのではないか」とか、「私の場合はその状況にはあてはまらない」などと、実際には同じ事柄として捉えられていない人も多くいらっしゃいます。リスナーにわかりやすく説明するためにも、同じような趣旨であったとしても違う質問として丁寧にお答えすることをおすすめします。

〈ニュース型〉

世の中にあふれているニュースをもとにお話しします。テーマに沿ったニュースを紹介しても役に立つと思います。私は、ポッドキャスト関連のニュースを常にチェックしており、その中でも面白いと感じたことや、配信している人には知ってもらいたいと思える記事の場合は、番組内で紹介することもあります。私はGoogleアラートを活用して、ポッドキャストに関するニュースを集めています。キーワードを設定しておけば、そのキーワードに関するニュースが定期的に送られてきます。その記事を参考にして、自分の専門性を活かして解説をすることで、コンテンツになります。

ニュースも日々発生するので、ネタ元にするのはよいでしょう。ただし、ポッドキャストはアーカイブとしてコンテンツが残り続けます。そのため、そのときにしか参考にならない情報の場合、あとから聴いても役に立たない場合があります。できれば、いつ聴いても参考になる情報として、発信することをおすすめします。

効果に関する不安

配信が開始できて、継続できたとしても、果たして効果は出るのか不安になりますよね。せっかく配信しても、誰にも聴いてもらえなかったり、売り上げにつながらなかったりすればモチベーションにも影響してしまいます。効果の出し方についてもお伝えいたします。

誰も聴いてくれないのではないか

単にポッドキャストのアプリに乗せて配信しているだけでは、なかなかリスナーは増えません。聴いてもらうための努力はどうしても必要になります。とくにおすすめしたいのは、フロー型メディアを使っての拡散です。あなたが対象としたいリスナーを twitter でフォローするとか、Instagramでフォローすることにより、約3分の1の人がフォローバックしてくれます。フォローバックをきっかけに記事を見てもらえる可能性があります。そして、配信するたびにメディアで拡散していけば、少しずつリスナーが増えてくるようになります。

あなた自身も積極的に他の番組にコメントするのもよいでしょう。Twitterでつながりをもてる場合もありますので、ぜひ、あなたからフォローしてみてください。こえラボのtwitterではポッドキャストをはじめとする音声メディアの発信者を多くフォローしています。

こちらも参考にしてみてください。

https://twitter.com/koelab2016

売り上げにつながらないのではないか

まずは、ビジネスの仕組みをしっかり作ることが大切です。そのためにも第1章でお伝えした内容を参考に、あなた自身のビジネスを構築してみてください。そして、試してやってみることも大切です。やってみて、初めて分かることも多くあります。

ポッドキャスト配信講座や、個別無料相談もやっているので、不明点がある場合は気軽にお問い合わせください。あなたのお悩みを解決させていただきます。

「こえラボ」お問い合わせフォーム
https://koelab.co.jp/info

第7章

読者特典&サポーター紹介

この書籍は、クラウドファンディング「音声メディアポッドキャストの魅力を伝える本を作りたい！」というプロジェクトに１４３名の方がたの支援をいただいて制作することができました。この場をお借りしてお礼申し上げます。クラウドファンディング達成状況はこちら。

https://camp-fire.jp/projects/view/280107

読者特典

ここまで読んでいただいた読者のみなさんのために、特典をご用意いたしました。

【特典1】本書解説動画

【特典2】60分コンサル1回無料（２０２1年6月まで）

詳しくはこちらのＵＲＬもしくはＱＲコードからアクセスいただければお申し込みできます。

http://bit.ly/koe-book

こえラボ配信サポート番組

こえラボが配信サポートさせていただいている番組の一部をご紹介いたします。私なりの分類でご紹介しています。ご興味あるジャンルを聴いていただけると、あなたの番組の参考になると思います。

こちらのＵＲＬもしくはＱＲコードからアクセスいただければ閲覧できます。

http://bit.ly/koe-book

◆話し方、英語、歌など声を出して学べる番組

今日から使える話し方を学べます！
「『話し方』のハナシ」
高山ゆかり

一緒に楽しく歌える
「Ucca-Laugh の Hahahaha Humming」
Ucca-Laugh

プレゼンテーションにも活かせる！
「★毛利大介の
ビジネスボイトレ道場★」
ビジネスボイストレーナー
毛利大介

発音を学ぶならこの番組！
「日本人の英語を変える！
ポッドキャスト」
会議通訳者・発音改善コンサルタント
平松里英

一緒に会話しながら学べる！
「英語で会議のツボ」
ビジネス英語 パーソナルコーチ
中野 茂

日本語の解説がわかりやすい！
「New York Breeze！
—英語リスニング NY から発信—」
Chris & Shoko

◆心や思考について学べる番組

聴くだけで
勇気と自信が湧いてくる
**「RAKKO CHANNEL ～ 40 代で
自信がないままママになった話～」**
志緒村亜希子

ココロがＨＯＴになる！
「和田裕美の『WADACAFE』」
和田裕美

海外移動や異文化体験を持つ方
必聴！
**「日本の居場所と未来を創る！
TCK(帰国子女) Podcast」**
育ちネット多文化 CROSS

癒しボイス注意！
**「先のばしする人が
行動してしまう心理学」**
犬飼ターボ

信頼され、顧客が生まれる講師とは？
「信頼される講師の
マインドセット」
マインドワーク協会 上級講師
西川 学

かなえたい夢があるあなたに！
「夢って本当にかなうんです！」
ドリームサポートコーチ
河村大輔

聴いているだけでホッとする
「パニックさんのココロのお守り」
心理カウンセラー
小園麻貴

◆健康や生活、食について学べる番組

お酒が好きになる、楽しくなる！
「酒蔵トーク SAKE 魂」
山口ともこ（ぐっさん）

健康に生きたい人をサポート！
「姿勢が変わると、人生が変わる。」
仲野整體東京青山院長
姿勢治療家　仲野孝明

カクテルの奥深さがよくわかる！
「カクテル・ラジオ～お酒は国境をこえて」
ウイスキーおじさん

人生をよりよく変える！
「古川武士の人生を変える習慣化」
習慣化コンサルタント
古川武士

色は心と体に影響を与える！
「人生が輝く☆色のチカラ」
一般社団法人
日本カラービューティライフ協会

愛犬の「こころ」と「からだ」の
健康をまもる
「わんランクうえのおうちケア
～ LavoDog ～」
Lavo Dog

今日からすぐに実践できる
ランニング情報
「ランニングのラジオ」
RUN-START's

犬は人と共存できる！
「犬のことをもっと理解できる
ラジオ」
フチゴロウ

◆生き方、あり方について学べる番組

豊かさの４つの指標を学べる！
「8,800 人の人生を救った☆じゅんちゃん社長のガチトーク」
Peach 株式会社 尾崎隼一郎

自分らしい健康をみつける！
「現役保健師が送る『あなたも私も★ふまじめ健康 CHANNEL』」
（ココ）岩井有紀

日曜朝から元気をお届け！
「伝えよう 広げよう Waku Waku ワーク」
伊藤宏美

やる気に火をつける達人が伝授！
「毎朝 1 分で人生は変わる」
三宅裕之

人生が豊かになる一日一言！
「偉人の名言 366 命日編」
久恒啓一

「出逢いで人生は 99% 変わる！
〜あなたの、ラジオ Radio" U "〜」
あっ！チャン☆ネル@人財プロ

お子さんの
未来が変わるキッカケを作る！
「子供の未来を変えるラジオ」
トライアングル個別学習塾
石田祐介

起業家のためのビジネス構築法！
「野村昌平の『自由に生きる』」
野村昌平

商いの楽しさを教える！
「ますだたくおの
商売はエンターテイメント」
ますだたくお

上京して忙しい日々を送る方に
素敵な情報を！
「上京ガールズ meet-up」
うえた

子供の自立を応援する！
「それいけ！はまぽん
ママと先生応援団
～ズボラ×熱血がちょうどいい～」
はまぽん

◆心理学・スピリチュアルについて学べる番組

世界三大伝統医学の
アーユルヴェーダ！
**「私とあなたの心を科学する
アーユルヴェーダ心理学」**
越智 紫（おち・ゆかり）

夢を産むお手伝いをします！
**「スピ越え ジェニーの
おめざめ Interview」**
占術師 ジェニー

楽しくプレゼン術が学べる！
**「わらプレもう人前が怖くない‼
お笑い芸人流プレゼン術」**
桑山 元

あなたの夢が見つかります！
「夢、持っていいですか？」
ドリームサラリーマン
ミーティング

しゃべって笑ってビバ開運！
「楠木あさ美のビバ開運ラジオ」
エンタメ開運ナビゲーター
楠木あさ美

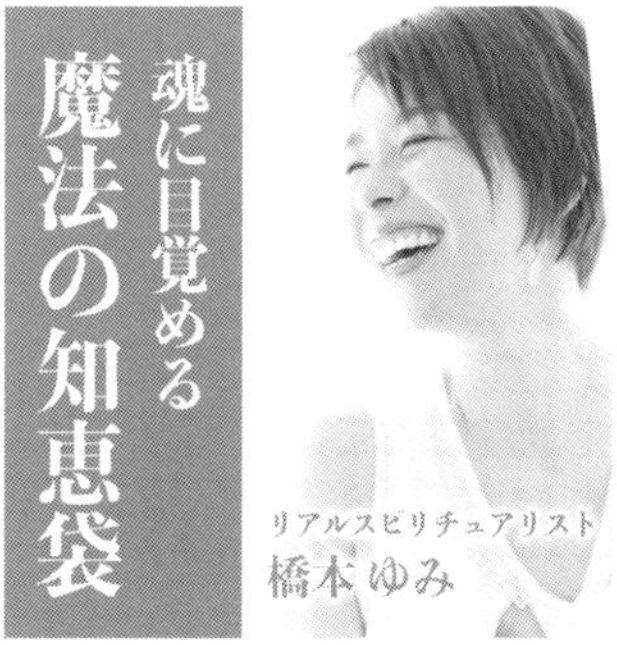

“見えない世界”のウソ・ホント！
「魂に目覚める『魔法の知恵袋』」
リアルスピリチュアリスト
橋本ゆみ

占いは先人の知恵を使った
処世術！
「早翔のポットキャスト気学教室」
株式会社ジェーアンドビー

番組を聴くと、運を鍛えられる！
「楽しくて楽になる」
開運 EXPO
スタイリスト 高橋由光
クリエーター 永田祐也

幸せに満ちた人生を送る！
「星と表現のハルモニア」
ソウルナビゲーター
ともだ未佳

自分を解放し、使命を生きる！
「あなたの happy の作り方」
こみたゆきこ

スタートアップ資金を手にする！
**「宇宙銀行から幸せなお金を
引き寄せる Sound letter」**
神部朋子☆マネープラネット

キーマンから経営を
人生を学ぶ！
「カノープスチャンネル」
カノープス

苦難を乗り越えた成功者から学ぶ！
「言魂インタビュー」
インタビュアー 小林まどか

将来や夢に向けて
熱狂している人から学ぶ！
「熱狂ラボ」
高橋昭和

40 歳という年齢との向き合い方！
「40 歳のディスタンス」
人材ゼミ .com

◆経営について学べる番組

2500 年続くお釈迦様の教えを
シンプルに！
「禅と経営
～毎日をイキイキと生きる～」
経営禅研究会

雇用するときに、とっても役立つ！
「人事・労務の豆知識」
恵社労士事務所

経営者が語る！
大切にしている志とは
「経営者の志」
株式会社こえラボ

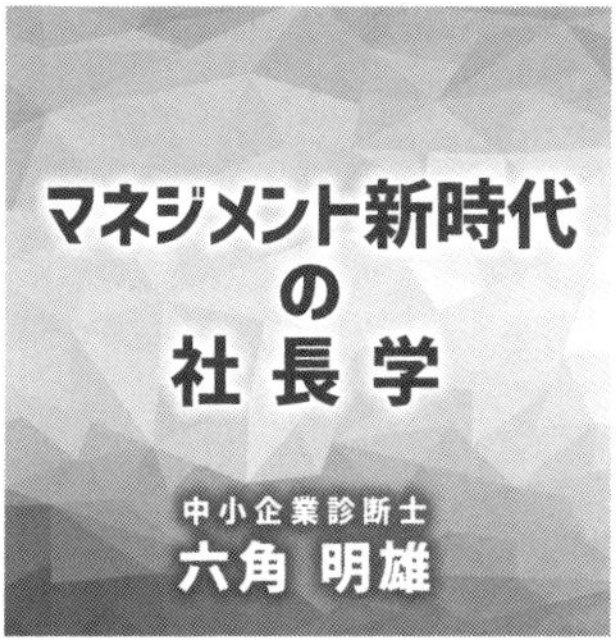

社長が生き抜くために必要な
基礎知識！
「マネジメント新時代の社長学」
中小企業診断士
六角明雄

持ち味をいかすサロン経営とは？
**「美容室の実力を動力に変える
ラジオ『サロンのチカラ』」**
経営業務パートナー
中尾康仁

数字に強くなって
業績をばりばりあげる！
**「数字に強い社長になる
ポッドキャスト」**
中小企業診断士
六角明雄

**「販売員は自分を売れ！
～100%相手目線で「あなたから
買いたい」を勝ち取る接客術～」**
株式会社オートリスペクト
尾崎暁弘

あなたの事業も業務改善します！
「DX よりアナログでしょ！」
株式会社 FONDO

労務問題あるあるを解決！
「5分でわかる！
コンビニ労務 Q&A」
コンビニ社労士
安 紗弥香

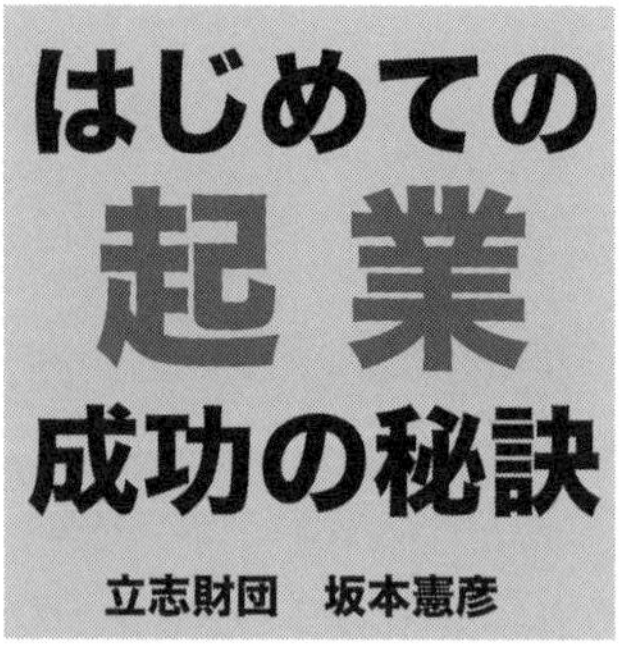

１万人を指導してわかった
黄金法則！
「『はじめての起業』成功の秘訣」
立志財団
坂本憲彦

女性が心惹かれる伝え方！
「女性集客講師
上村菜穂の PR 教室」
上村菜穂

◆生活に役立つ知識を学べる番組

実は誰にでも身近な相続税について
わかりやすく解説！
「プロレスラーを夢見る税理士」
税理士
山中 朋文

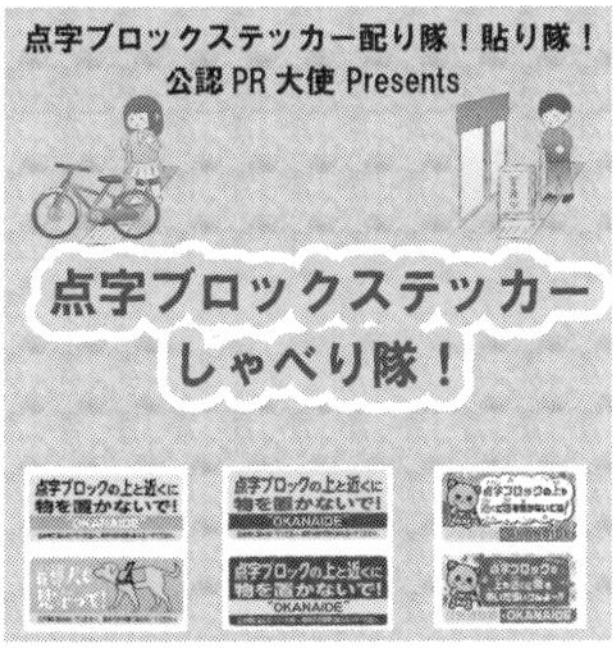

**「点字ブロックステッカー
しゃべり隊！」**
点字ブロックステッカー
配り隊！貼り隊！公認 PR 大使
まこぱんだ&しゃべくり亭純太郎

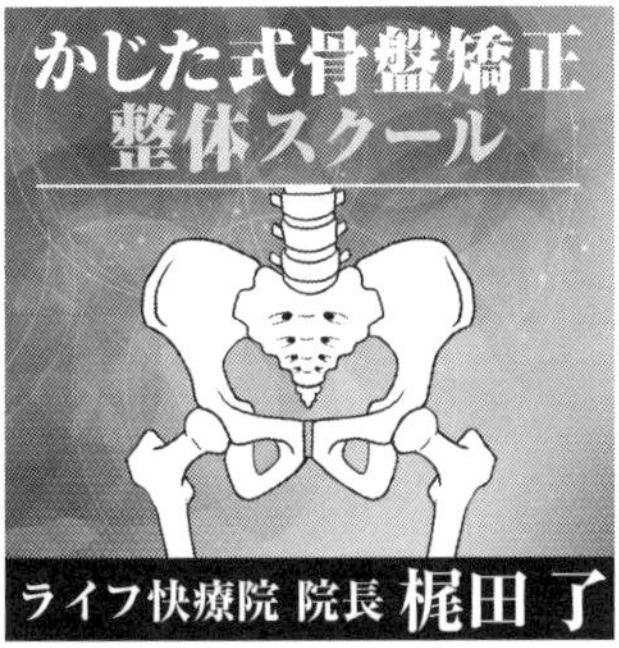

骨盤矯正などの整体技術、
治療院経営のノウハウを解説！
**「かじた式
骨盤整体スクール」**
梶田了

◆情報発信について学ぶ番組

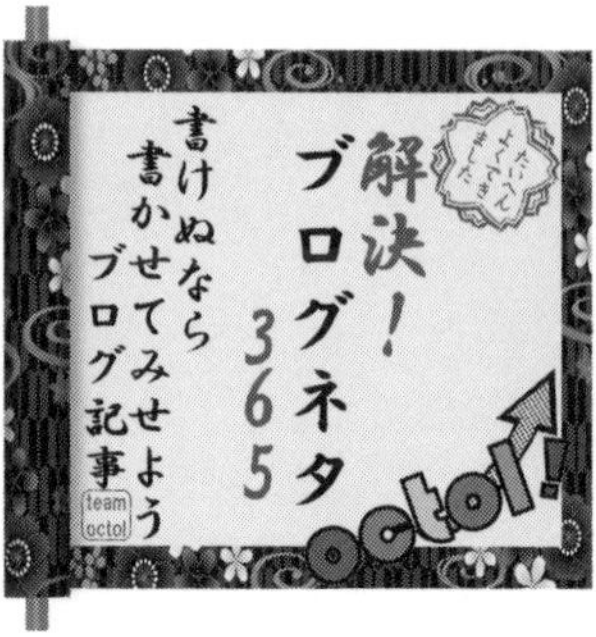

「team octol の 解決！
ブログネタ 365
〜書けぬなら書かせてみせよう
ブログ記事〜」
team octol

ポッドキャストの活用方法を
全部公開！
「ポッドキャストの配信で
人生 が変わる」
株式会社こえラボ

新生児についての正しい知識！
「ニューボーンフォト
新生児の知識」
一般社団法人
ニューボーンフォト協会

◆趣味を深く掘り下げた番組

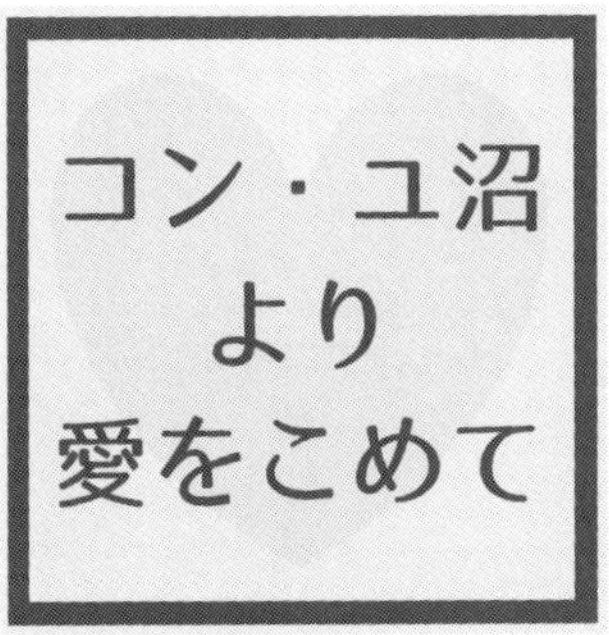

韓国の人気俳優
コン・ユのファンによる、
ファンのための番組
「コン・ユ沼より愛をこめて」
コン・ユ沼の住人 ゆり

クラウドファンディングご支援者のポッドキャスト番組

左記のＵＲＬにアクセスいただければ、番組ＵＲＬの一覧をご覧いただけます。

http://bit.ly/koe-book

「人事・労務の豆知識」　**恵社労士事務所**

経営者、人事部、すべての上司に向けて、社会保険労務士が、「働き方改革」「社会保険」「労使トラブル」など最近の人事労務の話題をおしゃべりしています。

社会保険労務士法人 恵社労士事務所（中央線荻窪駅より徒歩２分）

「Ucca-Laugh の Hahahaha Humming」

Ucca-Laugh

シンガーソングライター／ボーカルコーチのUcca-Laugh(ユッカラフ)が、歌が上手くなりたい人のために、歌のお悩みや質問に答えながらボイトレをしたり、音楽カルチャーをお届けしたりするポッドキャスト番組です。毎週火曜日、新エピソード配信中です。

「私とあなたの心を科学するアーユルヴェーダ心理学」

越智 紫（おち・ゆかり）

世界三大伝統医学、インドで生まれたアーユルヴェーダのドーシャ理論を心理学、哲学、脳科学、少しだけスピリチュアルも交えて、仕事、人間関係、恋愛など、人生のあらゆる面での悩みを解消するヒントを、アーユルヴェーダ ティーチャーの越智紫が、お伝えするネットラジオです。

「酒蔵トークSAKE魂」

山口ともこ（ぐっさん）

この番組は、居酒屋にいるような感覚で、酒蔵さんのお話を肴に日本酒を楽しんでいただく番組です。

全国各地の蔵元さんをゲストにお招きします♪

蔵元さんの人柄やこだわりのお酒ができるまでのストーリーを知ると、日本酒はさらにおいしくなります。日本酒が大好きな人も、飲めないという人でも楽しんでいただける聴き酒ラジオが『酒蔵トークSAKE魂』です。

「数字に強い社長になるポッドキャスト」

中小企業診断士　六角明雄

この番組は、数字がちょっと苦手な中小企業経営者の方がたに、数字に強くなって業績をばりばり上げてもらうための応援番組です。会計や融資に関する基礎知識のほか、ビジネスに役立つ情報を、専門家の方をお呼びしてインタビュー形式でお伝えしています。

「40歳のディスタンス」

人材ゼミ.com

作家、林真理子氏も「40代をいかに過ごすかが、人生の分岐点」と断言しているように、40歳は人生の分岐点。われわれの番組では「賢人」と呼ばれている猛者たちが、40歳のときにどうたったのか、40歳という年齢とどんな距離感で向き合っていたのかを、インタビュー形式で伺っていきます。

「出逢いで人生は99％変わる！～あなたの、ラジオ〈Radio"U"〉～」

あっ！チャン☆ネル@人財プロ～TEAM i-Being～

「たった一人との出逢いで人生は変わることがある！」。リスナーのみなさん！　どうぞ、運命の人に出逢ってください!!　〝こえラボ公認ポッドキャスト・ディレククター〟で、〝出逢いのキッカケ創りコンシェルジュ〟『あっ！チャン☆』の私、ミシュランで３つ星★★★ポッドキャスターが各曜日に登場します!!

「わんランクうえのおうちケア〜LavoDog〜」

ドッグケアリスト　遠藤圭香

ドッググルーマーとトレーナーを経験した遠藤が、トレーナー目線から愛犬の「こころ」をまもるしつけかたのポイントや、グルーマーの視点での愛犬の「からだ」をまもるためのお手入れのヒントなどを紹介する番組。愛犬にはできるだけ健康で長生きしてもらいたい。「こころ」も「からだ」も元気でいてほしいと願う、飼い主さまのための応援チャンネルです。

「それいけ！　はまぽん　ママと先生応援団
〜ズボラ×熱血がちょうどいい〜」　はまぽん

子どもの自立を応援したい、応援者達のための、応援者達によるメッセージ番組。子ども達のために毎日頑張っているママと先生に向けた安心安全の場になりたいです。教育×アドラー心理学×自己肯定感×コーチングをベースに子どももママも先生もみんな心豊かになれる場を、ＰＴＡ会長はまぽんがズボラ×熱血に発信します！

「英語で会議のツボ」　**ビジネス英語パーソナルコーチ 中野茂**

TOEIC700超！　それでもネイティブの質問に意見が言えない、そんなあなたへ。単なる「速い・音の塊り」が理解でき、「要は何か⁉」がパッと口から出て仕事が回り出す。そんな未来をいっしょに手に入れませんか。大学4年時、誤って英会話授業を選択し、たった1回で逃亡。その後26年間、英語で業務を行なうことでスピーキング／リスニング力を身につけました。そんな私の経験は、きっと日本語ネイティブのあなたに役立つはずです。

「プロレスラーを夢見る税理士」　**山中朋文**

ウエスタンラリアットを必殺技にもち、ジャイアント馬場を師と仰ぐ税理士・山中朋文。税理士として最も得意とする相続税に関するあれこれをPodcastを介してわかりやすく説明。そもそも相続税って何、遺言書って意味あるの、資産運用ってどうすればいいなど、さまざまな相続のお悩みに答えます。この機会にぜひ聴いてみてください。

「ランニングのラジオ」　**RUN-START's**

この番組はランニングをこれから始めたいと思っている人や始めたばかりの人、そして目標に向かって頑張っているランナーさんを対象に、今日からすぐに実践できるランニング情報をお伝えしていく番組です。

「LivEnglish」　**（有）ＯＥＨ「大阪イングリッシュハウス」**

「LivEnglish」とは、住む・暮らす・生きるの〝LIVE〟と英語の〝ENGLISH〟を合わせた造語で、日常に暮らしながら生きた英語に親しめる、日本で唯一の住み込み型の英会話スクール、大阪イングリッシュハウスが提供する画期的な国際交流ラジオ番組デス！　大阪イングリッシュハウスがある大阪府枚方市のＦＭひらかた77.9MHzで大好評の番組をボットキャストでご提供します。

https://oeh.jp

「禅と経営」

経営禅研究会

２５００年続くお釈迦様の教えを、現代にわかりやすくお届けします。「禅」という字は「しめすへん」に「単（ひとえ）」と書きます。単純に示すことで行動できるようになります。禅は遠くにあるものではなく自分の足元にあります。難しく考えずにシンプルに捉える。経営も、仕事も、人生も、すべて自分が主人公です。聴いているうちに悩みが自然と解決する癒しの番組です。

「点字ブロックステッカーしゃべり隊！」

点字ブロックステッカー配り隊！貼り隊！公認ＰＲ大使

「点字ブロックの上や近くに物を置かないで」を伝える〝点字ブロックステッカー〟。このステッカーの配り隊！　貼り隊！や、協力してくださる方がたを紹介するＰＲ大使兼ラジオパーソナリティーのまこぱんだ＆しゃべくり亭純太郎がお送りします。協力していただける方も募集中！

「現役保健師が送る『あなたも私も★
ふまじめ健康CHANNEL』」（ココ）岩井有紀

どんなに成功してもそうでなくても健康だけはいつも平等でとっても大切！　でも、わかっていることを言われてもなかなか行動にできないのが人間ですよね。

そんな方のために、ちょっとふまじめでもいいよねってスタンスで、自分らしい健康を見つけていく番組です。

「お顔立ちクリエーター川満♫の
〝なりたい自分になれる顔美学〟」　Maki Kawamitsu

この番組は、セラピスト歴もうすぐ20年、クライアントさんは延べ８０００人以上、沖縄サロン&埼玉サロンLeaを運営している川満マキがお送りします。

お顔を整え、自分らしく活き活きとした表情を整えることはとても大切なことです。私は、皆さんが「なりたい自分になれる」ようにお顔立ちを整え、生き方・あり方をサポートしています。

「あなたのおかげ」

オカゲのたなか

荒川区三河島からオカゲのたなかが荒川区地域活性化を応援するラジオ♬
＊荒川区関連情報を声でお届け！　荒川区ニュース
＊小さいお店のリアル経営話や事業計画
＊日常をていねいに生きることでの気づき

「デジタル士業の仕事術」

デジタル士業のはやし

「デジタル士業」として活動する林雄次が、仕事術や心がけなどを配信します。
デジタル士業オンラインサロンで配信しているノウハウやコンテンツの片鱗が垣間見えるかも!?　選ばれる士業の業務ノウハウ、考え方などをシェアさせていただきます。

「マインドフルでいい Kanji」

Kanji

マインドフルネスは難しくありません。日々の暮らしの中に、マインドフルネスを取り入れるヒントやアイディアをお伝えしている番組です。

娘と息子の2児の父親。「あせらず・あわてず・あきらめず」をモットーに、楽しみながらマインドフルネスを子育てに活かしています。ときどき、眠たくなる声と言われてしまうので、聴きながら寝てしまうかもしれません。

「不思議話で人生は変わる」

河野耕一

天然石のショップを運営して13年。その間、お客様の話を通じて信じられない話や面白い話をたくさん聞くことができました。すべて実話です。

普通では体験できないようなエピソードをお届けします。

「人生が変わるかもしれないキッカケのお話」

梨木操

人生が変わるかもしれない、キッカケになる学びや考え方を、2つのコンテンツテーマにして、週ごとに入れ替えて配信していきます。コンテンツ1：「なるほど～！」と、思わず得する【セミナー型コラム】。コンテンツ2：業界初！　バイノーラルで聴く、学びに特化した【ポエム型エッセイ】。この2本柱でお届けしていきます。さて、あなたは何を受け取りますか？

こえラボ番組紹介

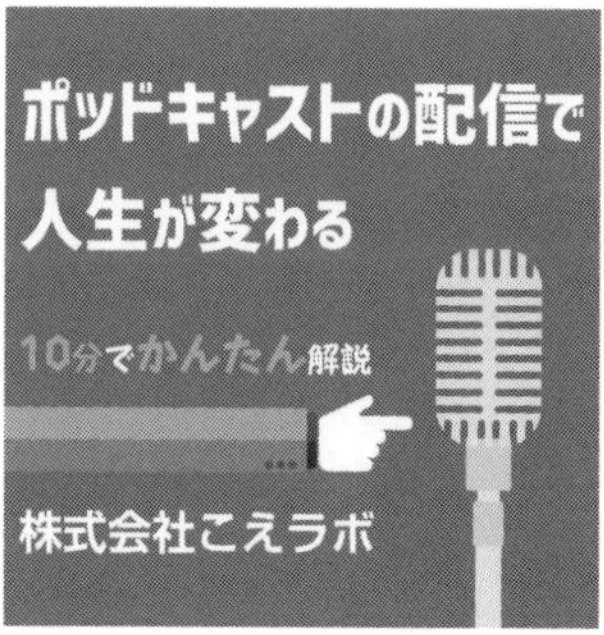

「ポッドキャストの配信で人生が変わる」　株式会社こえラボ

ポッドキャスト番組を配信する人のために、ポッドキャストの魅力や活用方法など毎回1つのテーマに絞ってご紹介していきます。また、「おススメのポッドキャスト」のコーナーでは、こえラボがおススメする、旬なポッドキャスト番組をご紹介しています。ポッドキャストの配信を考えている方には、ぜひ参考にしていただきたい番組です。

「経営者の志」　株式会社こえラボ

経営者は志をもって、経営しています。経営者の志を聴けば、めざしている姿がわかります。社会に対して、どのような貢献を志しているのか経営者にインタビューしている番組です。

人脈を広げるための対談番組の参考としてチェックしてみてください。

ご支援のお名前紹介

クラウドファンディングのリターン品として、お名前掲載にご協力いただいた方がたをご紹介させていただきます。

株式会社Lucci、株式会社フリーウインド 明石邦高、結婚相談所・プレジール表参道、株式会社ＳＴスマイル 武藤秀博、高岡真樹、増村孝多、Harada、上田エリカ、株式会社オトナル代表取締役 八木太亮、高野朋美、心理カウンセラー 志緒村亜希子、オオナギコウタロウ、堺寛、ボイストレーナー・ＭＣ・司会 日野夏子、ランニングスクール RUN START's 里仲弘、株式会社デルタトライブ 佐藤秀之、きんのきりん 佐々木ひろみ、夢産み助産師ジェニー（横銭めぐみ）、マジシャン 藤本明義、カードゲームでチームビルディング 橋本大和、ポッドキャスト「楽しくて楽になる」スタイリスト 高橋由光、ポッドキャスト「楽しくて楽になる」クリエイター 永田祐也、なすさおり、山越総合法律事務所 山越真人、諏訪部裕、田仲直樹、株式会社ProsWork 代表取締役 磯島裕樹、一般社団法人日本カラービューティライフ協会 吉田美奈子、福永じゅん（キラテン順天堂）、スバキリ一味、株式会社アセットメディエーション代表取締役　丸山鐵太郎

（順不同、敬称略）

おわりに

ここまで読んでいただき、ありがとうございました。音声メディアであるポッドキャストに限らず、マーケティングの基本的なことをご理解いただけたと思います。

最初から理想のビジネスができることはありません。まずは、できそうなところから取り組んでいただきたいと思います。そして、本書で学んだことを実践に移してみてください。その結果をご報告いただけると嬉しいです。こえラボＬＩＮＥ公式アカウントや、こえラボＷＥＢサイトからご報告いただければ、ポッドキャストなどでご紹介したいと思います。

また、実践した結果や、実践して新たに出てきた課題などありましたら、こちらもこえラボのＬＩＮＥ公式アカウントやＷＥＢサイトなどでご連絡いただければ、ポッドキャスト等を通じてお答えしたいと思います。

最後になりましたが、本書の出版にご協力いただいた方がた、応援していただいた方がたに、この場をお借りして厚く御礼申し上げます。

そして、本書を最後まで読んでくださったあなたにも、心より感謝申し上げます。

2020年11月

岡田正宏

著者紹介

岡田正宏（おかだ・まさひろ）

株式会社こえラボ代表取締役。1973年岡山県岡山市生まれ。1999年NTTソフトウェア株式会社入社。2016年に株式会社こえラボを設立。

プロジェクトマネジメントとITストラテジストの情報処理技術者の資格をもち、ITの技術力と経験、顧客への対応力・接客力・理解力を活かしてポッドキャストのプロデュースを担当。ITストラテジストとして、ITについて詳しくない人には、その人が何を望んでいるのかを丁寧に聞き出し、平易な言葉で説明しながら、実現可能なサービスをアドバイスし、提供している。

今までに配信サポート・プロデュースした番組は70を超え、配信者の職業は、コンサルタント、カウンセラー、アナウンサー、風水・氣学、治療院経営、マンション管理会社、IT企業経営者、翻訳・通訳者、大学副学長、ボイストレーナー、シンガー、社労士、税理士、中小企業診断士など多岐にわたる。

自身のインタビュー番組「経営者の志」では210名を超える経営者・起業家・事業者から話を聞いている。

声《こえ》で想《おも》いを伝《つた》える ポッドキャストマーケティング

2021年1月30日　第1刷発行

著　者　岡田正宏《おかだまさひろ》
発行者　落合英秋
発行所　株式会社 日本地域社会研究所

〒167-0043　東京都杉並区上荻1-25-1
TEL（03）5397-1231（代表）
FAX（03）5397-1237
メールアドレス tps@n-chiken.com
ホームページ http://www.n-chiken.com
郵便振替口座 00150-1-41143

印刷所　中央精版印刷株式会社

ISBN978-4-89022-274-2